KB247822

일본어 초짜 나래의

쉽게 떠먹는

손 떠 일 본어

먹는

첫걸음

박지현 저

(주)시사일본어사
book.japansisa.com

머리말
Foreword

일본어는 우리말과 어순이 비슷하고 같은 한자 문화권이라 다른 언어에 비해 배우기 쉽다고 합니다. 하지만 막상 시작해보면 히라가나·가타카나 외우기 부터 어려움을 느끼고 점점 공부할 의욕을 잃는 경우가 많습니다.

이 책은 **일본어 글자와 발음부터** 차근차근 정확하게 익히고 일본어 첫걸음을 재미있고 쉽게 뗄 수 있도록 만들어졌습니다. 일본어를 처음 공부하는 분들이 지치지 않도록 10과로 된 부담없는 구성과 꼭 필요한 표현들을 쉽고 재밌게 읽어 가며 일본어를 배울 수 있습니다.

우선 기본적으로 일본어의 문자와 발음을 익힙니다. 총 10과로 되어있는 각 과의 본문은 주인공 나래의 일본홈스테이 일주일 과정이 담긴 스토리로 되어있습니다. 본문 회화를 중심으로 기본어휘와 표현을 익히고 예문과 연습을 통해 **배운 것을 완벽하게 익히고 넘어갈 수 있습니다.**

바로바로 쓸 수 있는 생생한 표현이 담긴 회화문과 쉽게 설명하고 써보는 연습을 할 수 있는 **Point,** 배운 내용을 재밌게 한 번 더 익히고 말로 연습해 보는 **Let's play,** 듣기 연습을 할 수 있는 **Listening**을 통해 **읽기, 쓰기, 말하기, 듣기 4가지를 한방에** 끝낼 수 있습니다.

이 책을 통해 일본어 첫걸음을 재밌고 쉽게 뗄 수 있기를 바라며, 일본어를 통해 원하는 목표를 이룰 수 있기를 바랍니다.

Contents 차례

머리말 **3**

이 책의 구성과 특징 **6**

일본어 문자와 발음 ひらがな · かたかな **9**

홈스테이 첫째날 일본에 도착해서 마중나온 마리 언니를 만났어요.

Chapter 01 はじめまして 처음 뵙겠습니다. **29**

_ ～は ～です。 ～은 ～입니다.

_ ～は ～ですか。 ～은 ～입니까?

_ ～の～／～のです。 ～의~／～의 것 입니다.

Chapter 02 何人かぞくですか 몇 식구예요? **37**

_ 一人 한 명(사람 수 말하기)

_ 何人ですか。 몇 명이예요?

_ おねえさん 누나, 언니(가족명칭 말하기)

_ ～さい ～살(나이 말하기)

홈스테이 둘째날 마리언니 방에서 사진을 보면서 도란도란 이야기를 나눴어요.

Chapter 03 これは 何ですか。 이것은 무엇입니까? **49**

_ こ・そ・あ・ど 이, 그, 저, 어느

_ 何ですか 무엇입니까?

_ だれ 누구

홈스테이 셋째날 오늘은 마리언니의 생일!!! 가족 모두 모여서 생일파티를 했어요.

Chapter 04 いつですか。 언제입니까? **57**

_ ～月～日 ～월 ～일

_ いつですか。 언제입니까?

_ 요일과 때를 나타내는 말

홈스테이 넷째날 다이스케 오빠랑 쇼핑을 갔답니다. 아…, 시간이 어떻게 갔는지….

Chapter 05 何時ですか。 몇 시입니까? 67
なんじ

_ 何時ですか。 몇 시예요?
なんじ

_ 시각을 나타내는 말

_ ～から～まで ～부터 ～까지

홈스테이 다섯째날 편의점에 가서 물건을 샀어요.

Chapter 06 いくらですか。
얼마입니까? 75

_ いくらですか。 얼마입니까?

_ どこですか。 어디입니까?

_ 물건을 세는 단위

홈스테이 여섯째날 나이스케 오빠랑 동물원에 갔답니다.

Chapter 07 パンダが います。
팬더곰이 있습니다. 83

_ ～に ～에

_ います。 있습니다(생물).

_ あります。 있습니다(무생물).

Chapter 08 理想が 高い。 눈이 높아!!! 91
りそう   たか

_ い형용사의 특징과 활용

_ な형용사의 특징과 활용

홈스테이 일곱째날 아쉽지만 이제 한국에 돌아가야 해요. 마리언니와 가족들을 한국에 초대하기로 했어요.

Chapter 09 夢を 見ました。
ゆめ   み

꿈을 꿨습니다. 103

_ 일본어의 동사

_ 다양한 조사

Chapter 10 遊びに 行きたい！
あそ   い

놀러가고 싶어! 115

_ ～に 行く ～하러 가다
い

_ ～たい ～하고 싶다

_ ～ませんか ～하지 않겠습니까?

▶ Point · Let's play 정답 125
▶ 듣기 스크립트 및 정답 133
▶ 부록 – 그림으로 익히는 단어 139
(과일가게, 도로, 채소가게, 동물,
날씨, 맛과 요리법, 감정, 행동)

Structure 구성

일본어 문자와 발음

일본어 첫걸음의 기본인 문자와 발음을 전체적인 발음 설명과 한 글자 한 글자 씩 정확하게 익힐 수 있도록 각 글자마다 영어와 한글로 표기된 발음을 표기하고, 그 글자가 들어간 단어를 그림과 함께 예로 들어 쉽고 재밌게 익힐 수 있습니다.
초보자들이 헷갈리기 쉬운 히라가나와 가타카나를 함께 넣어 두어 비교하며 익힐 수 있습니다.
부록으로 제공되는 펜맨쉽과 정확한 발음이 녹음된 CD를 통해, 따라 읽고 쓰면서 일본어 문자와 발음을 익혀보세요.

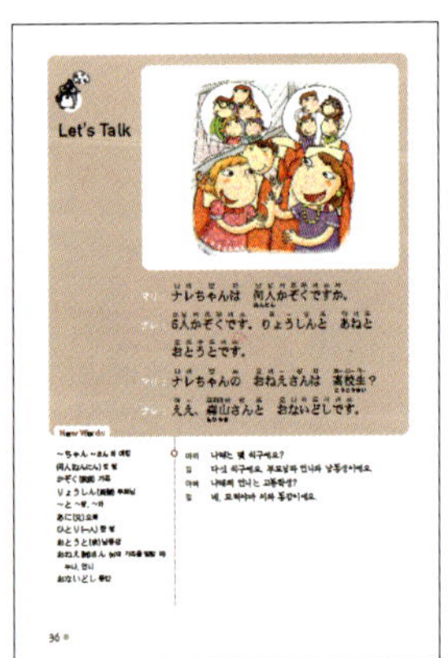

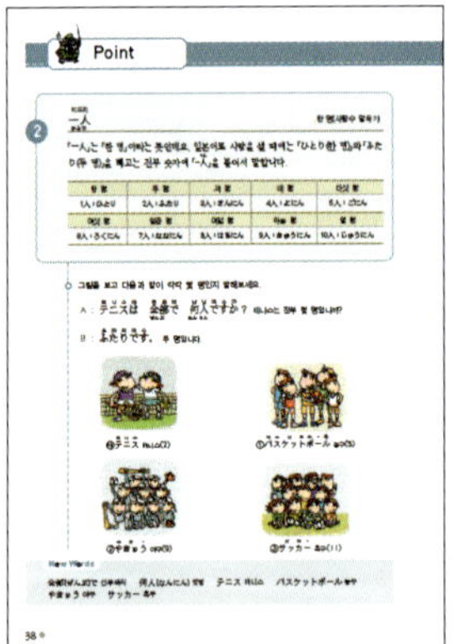

Let's Talk

일상생활에서 바로 바로 쓸 수 있는 회화문으로 되어있습니다. CD는 한 번 들어보고 따라읽을 수 있도록 되어있어 Point를 익히기 전, 익히고 난 뒤 반복해서 들으세요. 새로나온 어휘도 따로 정리되어 있습니다.

Point

본문회화에서 나온 표현과 문법이 쉽게 설명되어 있습니다. 설명 뒤 이어지는 예문과 연습을 통해 배운 것을 바로바로 확실히 익히고 넘어가세요. mp3 무료 강의로 더 쉽게 배울 수 있습니다.

일러두기

1. 일본어 문장에는 띄어쓰기와 물음표가 없지만, 초급자가 보다 쉽게 일본어를 익힐 수 있도록 모든 문장에 띄어쓰기를 하고, 헷갈리기 쉬운 의문문에는 물음표를 달아 두었습니다.
2. 본 책에 나오는 모든 한자에는 밑부분에 히라가나로 읽는 법을 달아두었습니다. 읽는 법을 먼저 보지 말고 한자에 익숙해질 수 있도록 해보세요.

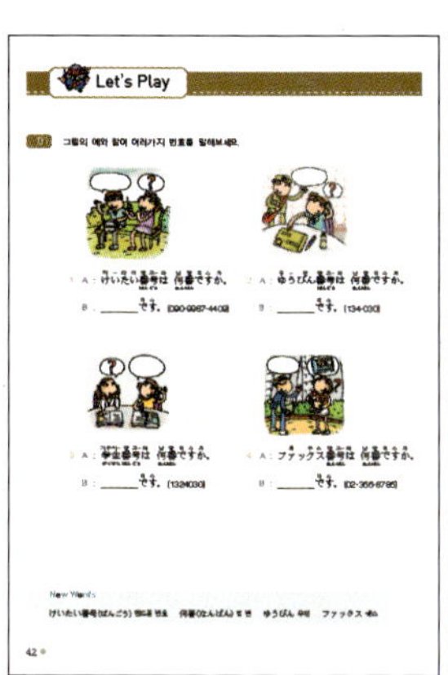

Let's Play

Point에 나온 중요표현을 일상회화에 적용해서 말하기 연습을 해보는 코너입니다. 글자로 쓰기보다는 다른 사람과 대화하듯이 입으로 소리내며 자연스럽게 말하도록 연습해 보세요.

listening

듣기 실력을 향상시키기 위한 코너입니다. 앞에서 배운 내용이 담긴 문장을 듣고 주어진 질문에 답하는 형식으로 되어있습니다. 스크립트와 답을 보려하지 말고 우선 듣고 답을 한 뒤 스크립트를 보며 반복해서 들어보세요.

생생 한마디

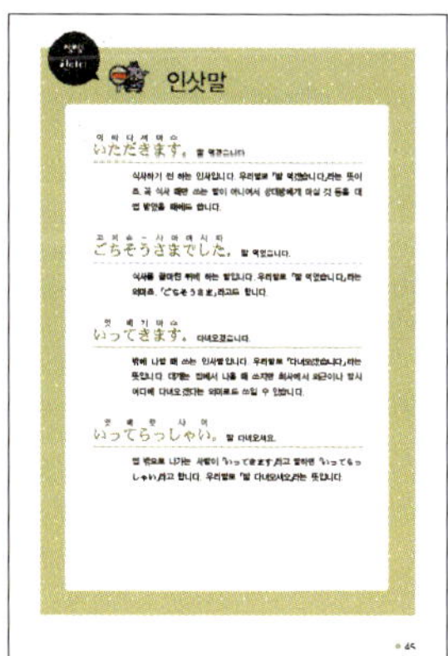

인사말이나 일본인이 자주 쓰는 말 등, 일상생활에서 자주 쓰는 말을 담아두었습니다. 어떤 상황에서 쓰이는지 설명도 들어있어서 쉽게 이해하고 일상생활에서 바로 쓸 수 있습니다.

그림으로 익히는 단어

본 책의 뒷부분에 파트별로 구성된 약 100개의 단어가 실려있습니다. 감정과 동작을 나타내는 형용사와 동사에는 활용형도 함께 있어서 단어와 함께 문법도 익힐 수 있습니다. 공부하는 틈틈이 그림과 함께 필수단어를 외워보세요.

3. 일본어에 익숙하지 않은 분들이 보다 쉽게 일본어를 익힐 수 있도록 1과에서 5과까지는 한글로 읽는 법을 달아두었습니다. 되도록이면 한글은 참고정도로만 보고, 글자를 보고 음성을 들으며 차근차근 일본어를 익혀가도록 해보세요.

나 래 네 가 족

여러분 안녕! (m-_-m) 저는 김 나래라고 해요.
중학교 2학년이고요, 일본에 관심이 많아서
일본어 공부를 막 시작했답니다.
저희 가족을 소개해도 될까요? 저희 가족은 엄마, 아빠,
언니, 남동생 그리고 저를 합해서 모두 다섯 식구예요.
  사랑하는 가족들과 떨어져 지내는 건 슬프지만(ㅠ_ㅠ)
이번엔 여름방학에 일주일간 일본에서
홈스테이를 하게 되었어요 (·ㅇ〜〜♬)
아직 일본어를 잘 못해서인지 일본에서의 생활에
벌써부터 가슴이 두근거린답니다~.

마 리 네 가 족

제가 이번에 홈스테이를 하게 될 곳의 가족 분들이세요.
정말 단란해 보이지 않나요?
모리야마 마리 언니랑은 벌써부터
친구가 되었답니다. (^_^)
모두들 친절해 보이셔서 이번 홈스테이 일정에 정말
기대가 커요.
특히 대학생이라는 다이스케 오빠는…
사진으로 봐도 너무 멋있는 것 같아요~()_<)

일본어 문자와 발음

◎ 일본어 시작은 히라가나 부터!!!

일본어를 익히려면 50음도표부터 외워야해요. 50음도표이긴하지만 실제 사용되지 않는 것을
빼면 46개랍니다. 가로로 '아이우에오' …, 세로로 '아카사타나하마야라와응' … 하고 큰 소리
로 읽어가며 외우세요.

히라가나 50음도표 ◉02

행 \ 단	あ	い	う	え	お
あ	あ (a 아)	い (i 이)	う (u 우)	え (e 에)	お (o 오)
か	か (ka 카)	き (ki 키)	く (ku 쿠)	け (ke 케)	こ (ko 코)
さ	さ (sa 사)	し (si 시)	す (su 스)	せ (se 세)	そ (so 소)
た	た (ta 타)	ち (chi 찌)	つ (tsu 쯔)	て (te 테)	と (to 토)
な	な (na 나)	に (ni 니)	ぬ (nu 누)	ね (ne 네)	の (no 노)
は	は (ha 하)	ひ (hi 히)	ふ (hu 후)	へ (he 헤)	ほ (ho 호)
ま	ま (ma 마)	み (mi 미)	む (mu 무)	め (me 메)	も (mo 모)
や	や (ya 야)		ゆ (yu 유)		よ (yo 요)
ら	ら (ra 라)	り (ri 리)	る (ru 루)	れ (re 레)	ろ (ro 로)
わ	わ (wa 와)				を (wo 오)
	ん (n 응)				

○ 외래어는 가타카나로!!!

일본인들은 외래어를 많이 씁니다. 그 외래어를 표기하는 글자가 바로 가타카나! 가타카나만 읽을 줄 알아도 일본 잡지며 거리 간판의 반 이상은 이해할 수 있답니다. 또, 의성어 · 의태어와 강조하고 싶은 말에도 가타카나를 쓰니 히라가나와 함께 꼭 외워둬야 합니다.

가타카나 50음도표 ◉02

단 행	ア	イ	ウ	エ	オ
ア	ア a 아	イ i 이	ウ u 우	エ e 에	オ o 오
カ	カ ka 카	キ ki 키	ク ku 쿠	ケ ke 케	コ ko 코
サ	サ sa 사	シ si 시	ス su 스	セ se 세	ソ so 소
タ	タ ta 타	チ chi 찌	ツ tsu 쯔	テ te 테	ト to 토
ナ	ナ na 나	ニ ni 니	ヌ nu 누	ネ ne 네	ノ no 노
ハ	ハ ha 하	ヒ hi 히	フ hu 후	ヘ he 헤	ホ ho 호
マ	マ ma 마	ミ mi 미	ム mu 무	メ me 메	モ mo 모
ヤ	ヤ ya 야		ユ yu 유		ヨ yo 요
ラ	ラ ra 라	リ ri 리	ル ru 루	レ re 레	ロ ro 로
ワ	ワ wa 와				ヲ wo 오
	ン n 응				

일본어 문자와 발음-**청음**

'청음'은 맑은 소리라는 뜻입니다. 탁음이나 반탁점이 없는 글자를 말하는데요, 앞의 50음도에 있
는 글자 그대로 읽히는 글자입니다. 하나씩 하나씩 자세히 익혀보세요.

일본어의 기본 모음이며, 한국어의 '아·이·우·에·오' 발음과 비슷
합니다. 단 「う」발음에 주의 하세요. '우'와 '으'의 중간 발음으로 입술
에 힘을 빼고 '으'에 가깝게 소리냅니다. 03

あ [a 아]	い [i 이]	う [u 우]	え [e 에]	お [o 오]
あい	**いえ**	**うし**	**え**	**おう**
[아이]	[이에]	[우시]	[에]	[오-]
사랑	집	소	그림	왕

ア [a 아]	イ [i 이]	ウ [u 우]	エ [e 에]	オ [o 오]
アイスクリーム	**イギリス**	**ウイスキー**	**エレベーター**	**オムレツ**
[아이스크리-무]	[이기리스]	[우이스키-]	[에레베-타-]	[오무레쯔]
아이스크림	영국	위스키	엘레베이터	오무렛

か_행 力_행

한국어의 'ㄱ'과 'ㅋ'의 중간 발음이지만, 단어의 첫 글자로 나올 때는 'ㅋ'에 가깝게, 단어 중간이나 끝에 올 때는 'ㄲ'로 읽는 것이 일본어 발음에 가깝습니다. 04

한국어의 '사·시·스·세·소' 발음과 비슷합니다. 단「す」발음에 주의 하세요. '스'와 '수'의 중간 발음으로 입모양을 튀어나오게 하지말고 소리내보세요. 05

さ[sa 사]	し[si 시]	す[su 스]	せ[se 세]	そ[so 소]
あさ	しお	すし	せみ	ほうれんそう
[아사]	[시오]	[스시]	[세미]	[호-렌소-]
아침	소금	초밥	매미	시금치

サ[sa 사]	シ[si 시]	ス[su 스]	セ[se 세]	ソ[so 소]
サンタクロース	シャツ	スキー	セーター	ソーセージ
[산따꾸로-스]	[샤쯔]	[스끼-]	[세-따-]	[소-세-지]
산타클로스	셔츠	스키	스웨터	소세지

た행 タ행

'타 · 티 · 투 · 테 · 토'가 아닙니다. 헷갈리지 마세요. 「ち」와 「つ」는 우리말의 '찌' '쯔'에 가깝고요, 「た · て · と」는 단어 첫머리에 있으면 '타 · 테 · 토', 중간이나 끝에 있으면 '따 · 떼 · 또'에 가깝게 발음 합니다. 06

た [ta 타]	ち [chi 찌]	つ [tsu 쯔]	て [te 테]	と [to 토]
たこ	ちち	くつ	て	とけい
[타꼬]	[찌찌]	[쿠쯔]	[테]	[토께ー]
문어	아버지	구두	손	시계

タ [ta 타]	チ [chi 찌]	ツ [tsu 쯔]	テ [te 테]	ト [to 토]
タクシー	チケット	ツアー	テレビ	トマト
[타꾸시]	[찌껫또]	[쯔아ー]	[테레비]	[토마또]
택시	티켓, 표	투어	텔레비전	토마토

な행 **ナ**행

한국어의 '나·니·누·네·노' 발음과 비슷합니다. 단「ぬ」발음에 주의 하세요. '누'와' '느'의 중간 발음으로 입모양을 튀어나오게 하지말고 '누'라고 소리냅니다. 🔘07

な [na 나]	に [ni 니]	ぬ [nu 누]	ね [ne 네]	の [no 노]
なす	**かに**	**いぬ**	**ねこ**	**のり**
[나스]	[카니]	[이누]	[네꼬]	[노리]
가지	게	개	고양이	풀

ナ [na 나]	ニ [ni 니]	ヌ [nu 누]	ネ [ne 네]	ノ [no 노]
ナイフ	**テニス**	**カヌー**	**ネクタイ**	**ノート**
[나이후]	[테니스]	[카누ー]	[네꾸따이]	[노ー또]
나이프	테니스	카누	넥타이	노트

は행　ハ행

한국어의 '하·히·후·헤·호' 발음과 비슷합니다. 「ひ」는 입술을 옆으로 당겨 발음하고, 「ふ」를 발음할 때는 입술을 너무 둥글리지 말고 평평한 상태에서 소리내야 합니다. 08

は[ha 하]	ひ[hi 히]	ふ[hu 후]	へ[he 헤]	ほ[ho 호]
はな	ひと	ふね	へそ	ほし
[하나]	[히또]	[후네]	[헤소]	[호시]
꽃	사람	배	배꼽	별

ハ[ha 하]	ヒ[hi 히]	フ[hu 후]	ヘ[he 헤]	ホ[ho 호]
ハイキング	コーヒー	フィルム	ヘルメット	ホテル
[하이낑구]	[코-히-]	[휘루무]	[헤루멧또]	[호떼루]
하이킹	커피	필름	헬멧	호텔

한국어의 '마·미·무·메·모' 발음과 비슷합니다. 「む」는 한국어의 '무'라고 발음하기 보다는 '무'와 '므'의 중간발음이라고 생각하면서 소리내도록 해보세요. 09

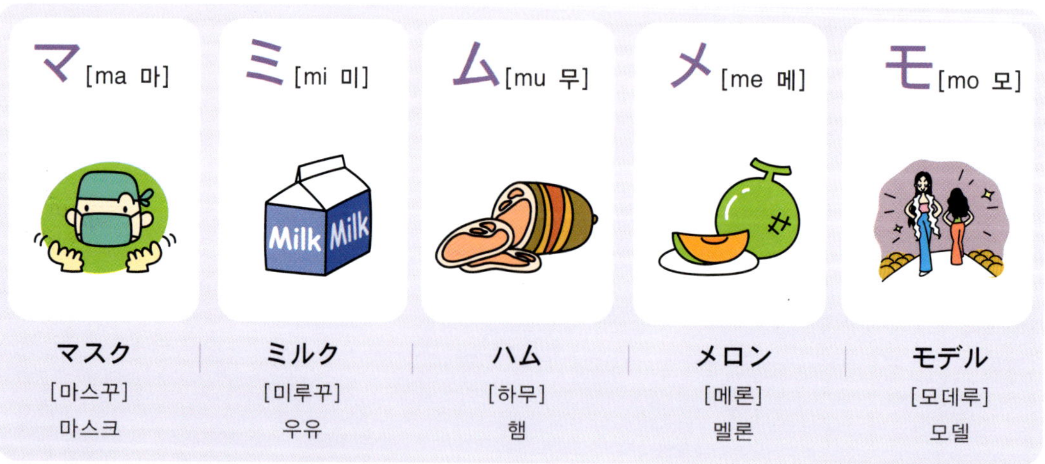

 や_행  ヤ_행 한국어의 '야 · 유 · 요' 발음과 비슷합니다. 가타카나의 「ユ」는 「コ」와 헷갈리기 쉬우니까 주의해서 외우세요. 🔴10

한국어의 '라·리·루·레·로' 발음과 비슷합니다. 「る」와 「ろ」는 헷갈리기 쉬우니까 정확히 익히세요. 일본어 동사에는 「る」로 끝나는 단어들이 많답니다. 11

ら [ra 라]	り [ri 리]	る [ru 루]	れ [re 레]	ろ [ro 로]
とら	りす	さる	れいぞうこ	くろ
[토라]	[리스]	[사루]	[레−조−꼬]	[쿠로]
호랑이	다람쥐	원숭이	냉장고	검정

ラ [ra 라]	リ [ri 리]	ル [ru 루]	レ [re 레]	ロ [ro 로]
ラーメン	リボン	ビル	レモン	ロボット
[라−멘]	[리봉]	[비루]	[레몽]	[로봇또]
라면	리본	건물	레몬	로봇

발음은 한국어의 '와·오'와 비슷합니다.「を」는 조사로만 쓰이며,「あ」행
의「お」와 발음이 같습니다. 가타카나의「ヲ」는 거의 쓰이는 일이 없고,
발음이 같은「オ」가 주로 쓰입니다. ◎12

「ん」은 다른 글자 뒤에서 받침과 같은 역할을 하는데요, 콧소리가 납니다.
우리말의 받침과 달라서 반드시 한 박자를 주어 발음해 주어야 합니다.
뒤에 오는 음에 따라 한국어 'ㅁ, ㄴ, ㅇ'에 가깝게 발음 됩니다. ◎**12**

「ん」의 위치에 따라 이런 발음으로!
「ま·ば·ぱ」행 앞 →「ㅁ」
「さ·ざ·た·だ·な·ら」행 앞 →「ㄴ」
「あ·か·が·は·や·わ」행 앞 →「ㅇ」
단어 끝 →「ㅇ」「ㄴ」

'탁음'은 글자의 오른쪽 위에 탁점(ﾞ)이 붙은 것입니다. 탁음은 「か」「さ」「た」「は」 행에서만 나타납니다.

행 행 한국어의 '가·기·구·게·고', 영어의 「g」 발음과 비슷합니다. 13

が [ga 가]	ぎ [gi 기]	ぐ [gu 구]	げ [ge 게]	ご [go 고]
がか	**ぎんこう**	**かぐ**	**ひげ**	**ごはん**
[가까]	[깅꼬-]	[카구]	[히게]	[고항]
화가	은행	가구	수염	밥

ガ [ga 가]	ギ [gi 기]	グ [gu 구]	ゲ [ge 게]	ゴ [go 고]
ガム	**ギフト**	**グラス**	**ゲーム**	**ゴルフ**
[가무]	[기후또]	[구라스]	[게-무]	[고루후]
껌	선물	잔	게임	골프

영어의 「z」 발음으로 한국인들에게는 조금 어려운 발음입니다. 「ず」는 영어로는 발음을 「zu」로 표기하지만, '주'가 아니라 '즈'로 발음해야 합니다.  14

ざ [za 자]	じ [zi 지]	ず [zu 즈]	ぜ [ze 제]	ぞ [zo 조]
ひざ	ひじ	ちず	かぜ	ぞう
[히자]	[히지]	[찌즈]	[카제]	[조―]
무릎	팔꿈치	지도	감기	코끼리

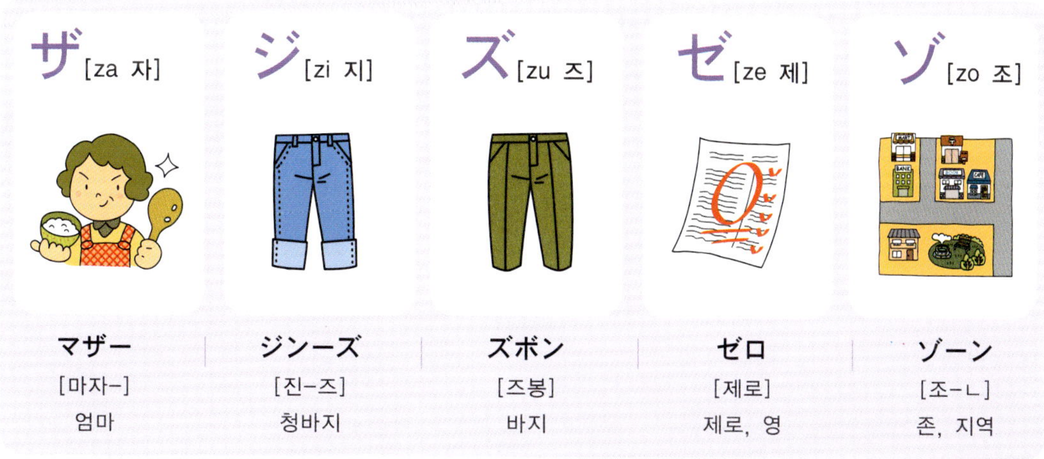

ザ [za 자]	ジ [zi 지]	ズ [zu 즈]	ゼ [ze 제]	ゾ [zo 조]
マザー	ジンーズ	ズボン	ゼロ	ゾーン
[마자―]	[진―즈]	[즈봉]	[제로]	[조―ㄴ]
엄마	청바지	바지	제로, 영	존, 지역

「だ・で・ど」는 영어의 「d」발음이며, 「ぢ・づ」는 「じ・ず」와 발음이 같습니다. 가타카나 「ヂ・ヅ」는 거의 쓰이는 일이 없고, 그 대신에 발음이 같은 「ジ・ズ」가 주로 쓰입니다. 15

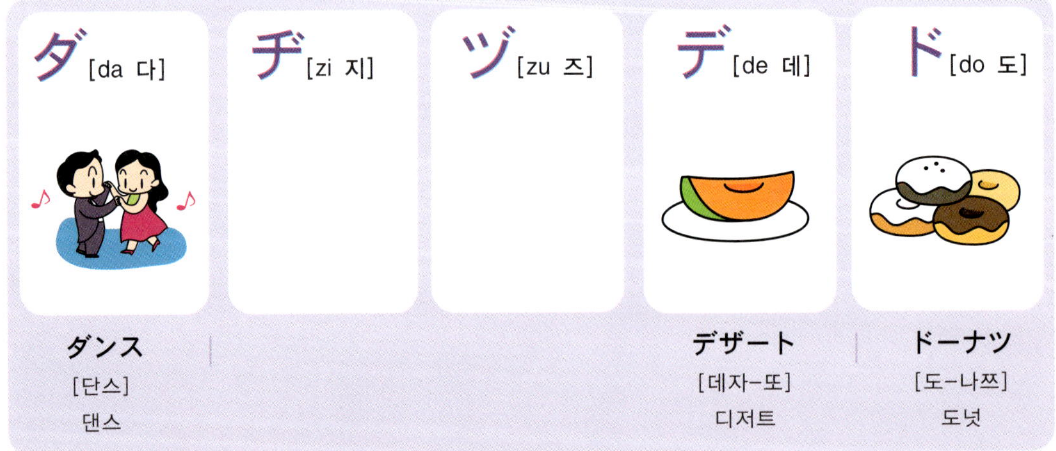

한국어의 '바·비·부·베·보'와 비슷한 발음이지만, 영어의 「b」와 같이 목의 성대를 울려서 내는 발음입니다. 16

ば[ba 바]	び[bi 비]	ぶ[bu 부]	べ[be 베]	ぼ[bo 보]
ばら	へび	ぶた	おべんとう	ぼうし
[바라]	[헤비]	[부따]	[오벤또−]	[보−시]
장미	뱀	돼지	도시락	모자

バ[ba 바]	ビ[bi 비]	ブ[bu 부]	ベ[be 베]	ボ[bo 보]
バナナ	ビール	ブーツ	ベルト	ボール
[바나나]	[비−루]	[부−쯔]	[베루또]	[보−루]
바나나	맥주	부츠	벨트	공

'반탁음'은 글자의 오른쪽 위에 반탁점(°)이 붙은 것입니다. 반탁음은 「は」행에서만 나타납니다.

  영어의 「p」발음과 비슷합니다. 한국어의 '빠·삐·뿌·뻬·뽀'와 '파·피·푸·페·포'의 중간음 정도인데요, 단어의 맨앞에 오면 '파·피·푸·페·포'에 가깝게, 중간이나 뒤에 오면 '빠·삐·뿌·뻬·뽀'에 가깝게 발음합니다.   17

ぱ [pa 파]	ぴ [pi 피]	ぷ [pu 푸]	ぺ [pe 페]	ぽ [po 포]
かんぱい	**えんぴつ**	**せんぷうき**	**ぺこぺこ**	**たんぽぽ**
[칸빠이]	[엔삐쯔]	[센뿌–끼]	[페꼬페꼬]	[탄뽀뽀]
건배	연필	선풍기	꼬르륵 꼬르륵	민들레

パ [pa 파]	ピ [pi 피]	プ [pu 푸]	ペ [pe 페]	ポ [po 포]
パイナップル	**ピーマン**	**プリン**	**ペンキ**	**ポテト**
[파이낫뿌루]	[피–망]	[푸링]	[펭끼]	[포떼또]
파인애플	피망	푸딩	페인트	감자

「**き · ぎ · し · じ · ち · に · ひ · び · ぴ · み · り**」 뒤에 반모음인 「**や · ゆ · よ**」를 작게 써서 한 글자 처럼 한 박자로 발음되는 것을 요음이라고 합니다. 18

きゃ kya 캬	きゅ kyu 큐	きょ kyo 쿄
ぎゃ gya 갸	ぎゅ gyu 규	ぎょ gyo 교
しゃ sya 샤	しゅ syu 슈	しょ syo 쇼
じゃ ja 쟈	じゅ ju 쥬	じょ jo 죠
ちゃ tya 챠	ちゅ tyu 츄	ちょ tyo 쵸
にゃ nya 냐	にゅ nyu 뉴	にょ nyo 뇨
ひゃ hya 햐	ひゅ hyu 휴	ひょ hyo 효
びゃ bya 뱌	びゅ byu 뷰	びょ byo 뵤
ぴゃ pya 뺘	ぴゅ pyu 쀼	ぴょ pyo 뾰
みゃ mya 먀	みゅ myu 뮤	みょ myo 묘
りゃ rya 랴	りゅ ryu 류	りょ ryo 료

キャ kya 캬	キュ kyu 큐	キョ kyo 쿄
ギャ gya 갸	ギュ gyu 규	ギョ gyo 교
シャ sya 샤	シュ syu 슈	ショ syo 쇼
ジャ ja 쟈	ジュ ju 쥬	ジョ jo 죠
チャ tya 챠	チュ tyu 츄	チョ tyo 쵸
ニャ nya 냐	ニュ nyu 뉴	ニョ nyo 뇨
ヒャ hya 햐	ヒュ hyu 휴	ヒョ hyo 효
ビャ bya 뱌	ビュ byu 뷰	ビョ byo 뵤
ピャ pya 뺘	ピュ pyu 쀼	ピョ pyo 뾰
ミャ mya 먀	ミュ myu 뮤	ミョ myo 묘
リャ rya 랴	リュ ryu 류	リョ ryo 료

일본어 글자와 발음 – 촉음과 장음

● 촉음 「っ」는 발음이 중요합니다.

촉음 「っ」는 「か・さ・た・ぱ」행 앞에 쓰입니다. 중요한 것은 앞서 배운 요음과 달라서 반드시 한 박자를 주어 발음 한다는 점입니다. 촉음의 발음을 정리하면 다음과 같습니다.

1 'ㄱ' 받침이 되는 경우
➡ 촉음 「っ」가 「か」행 「か・き・く・け・こ」 앞에 올 때
- いっかい[이ㄱ까이] 일 층
- いっき[이ㄱ끼] 한숨
- がっこう[가ㄱ꼬-] 학교
- ミュージック[뮤-지ㄱ꾸] 음악

2 'ㅂ' 받침이 되는 경우
➡ 촉음 「っ」가 「ぱ」행 「ぱ・ぴ・ぷ・ぺ・ぽ」 앞에 올 때
- いっぱい[이ㅂ빠이] 가득
- いっぴき[이ㅂ삐끼] 한 마리
- ケチャップ[케챠ㅂ뿌] 케찹
- しっぽ[시ㅂ뽀] 꼬리

3 'ㅅ' 받침이 되는 경우
➡ 촉음 「っ」가 「さ」행 「さ・し・す・せ・そ」, 「た」행 「た・ち・つ・て・と」 앞에 올 때
- ざっし[자ㅅ시] 잡지
- けっせき[케ㅅ세끼] 결석
- おっと[오ㅅ또] 남편
- スイッチ[스이ㅅ찌] 스위치

● 장음은 특정한 글자를 길게 끌어 발음합니다.

➡ あ단+あ
- おかあさん[오카-상] 어머니
- おばあさん[오바-상] 할머니

➡ い단+い
- おにいさん[오니-상] 오빠, 형
- おじいさん[오지-상] 할아버지

➡ う단+う
- すうがく[스-가꾸] 수학
- ふうせん[후-센] 풍선

➡ え단+え・い
- せんせい[센세-] 선생님
- えいが[에-가] 영화

➡ お단+お・う
- こおり[코-리] 얼음
- おとうさん[오또-상] 아버지

➡ 요음+う
- きょう[쿄-] 오늘
- じゅう[쥬-] 열, 10

➡ 가타카나의 장음 「ー」를 길게 발음
- ビール[비-루] 맥주

Chapter 01

はじめまして。

 홈스테이 첫째날_ **처음 뵙겠습니다.**

여러분 안녕! (m-_-m) 이번 여름방학에 일본에서 일주일간 홈 스테이를 하게 된 나래예요! (*-_-*) 지금 공항에 도착했는데요. (-_-)(-_-) 홈 호스트 가정에서 마중을 나오신데요 처음 만나서 제 소개를 잘 해야 하는데…. 아~ 너무 떨려요!!

Point		
1 • ～は　～です。	～은 ~입니다.
2 • ～は　～ですか。	～은/는 ~입니까?
3 • ～の～／～のです。	～의~/~의 것 입니다.

Let's Talk

20.21

ナレ： はじめまして。キム・ナレです。
どうぞ、よろしく　おねがいします。

マリ： はじめまして。森山マリです。
こちらこそ、どうぞ　よろしく。

ナレ： 森山さんは　大学生ですか。

マリ： いいえ、大学生じゃありません。高校生です。

New Words

22

はじめまして 처음 뵙겠습니다
どうぞよろしく 아무쪼록 잘(부탁
　합니다)
おねがいします 부탁합니다
こちらこそ 저야말로
～さん ～씨(상대방을 높여 부르는 말)
大学生(だいがくせい) 대학생 ＊학
　생이라는 단어는 「がくせい」라고 쓰지
　만 읽을 때는 [각세ー]라고 발음한다)
いいえ 아니요
～じゃ　ありません ～이/가 아닙니다
高校生(こうこうせい) 고등학생

나래　처음뵙겠습니다. 김 나래에요.
　　　아무쪼록 잘 부탁 드립니다.
마리　처음뵙겠습니다. 모리야마 마리에요.
　　　저야말로 잘 부탁드려요.
나래　모리야마 씨는 대학생이세요?
마리　아니요, 대학생이 아니에요. 고등학생이에요.

23

1

~は ~です
(와) (데 스)

~은 ~입니다.

「~は」는 우리말의 「~은/는」에 해당하는 조사입니다. 조사로 쓰일 때에는 [하]가 아니라 [와]로 발음해야 해요. 「~です」는 우리말로는 「~입니다」라는 뜻이에요. 「~は ~です」로 붙여 쓰면 「~은 ~입니다」라는 표현이 됩니다.

○ 다음과 같이 자신과 주변 사람의 직업에 대해 말해 보세요.

와 따 시 와　각세－데 스
わたしは　学生です。
　　　　　がくせい

저는 학생입니다.

야 마 다 상 와　카이샤 잉 데 스
やまださんは　会社員です。
　　　　　　　かいしゃいん

야마다 씨는 회사원입니다.

스 즈 끼 상 와　후 리 － 따 － 데 스
すずきさんは　フリーターです。

스즈키 씨는 후리타입니다.

New Words

わたし(私) 나　学生(がくせい) 학생(*[각세－]로 발음)　会社員(かいしゃいん) 회사원　フリーター 후리타

Point

2

Q : ～は　～ですか。　　　　　　　～은/는 ～입니까?

Y : はい、～です。　　　　　　　　네, ～입니다

N : いいえ、～じゃ(では)　ありません。　　아니오, ～이/가 아닙니다.

「～ですか」는 「～입니까」라는 의미로 의문문을 만듭니다. 일본어에서는 의문문에도 물음표(?)를 붙이지 않고 마침표(。)를 붙여요. 물음에 답할 때 긍정이면 「はい、～です(네, ～입니다)」 부정인 경우에는 「いいえ、～ではありません(아니요, ～이 아닙니다)」 또는 「いいえ、～じゃありません」으로 대답합니다. 회화체에서는 「～じゃありません」이 「～ではありません」보다 많이 쓰입니다.

다음과 같이 서로의 직업을 묻고 답하는 연습을 해보세요.

A : もりさんは　高校生ですか。 모리 씨는 고등학생이에요?

B : いいえ、ちがいます。私は　中学生です。 아뇨, 아니예요. 저는 중학생이에요.

A : へえー、そうですか。 와, 그래요?

B : キムさんは　高校生ですか。 김 ○○씨는 고등학생입니까?

A : はい、そうです。 네, 그렇습니다.

New Words

ちがいます 틀립니다, 아닙니다　　へえ 와(감탄사)　　そうです 그렇습니다　　そうですか 그렇습니까

~の～／～のです。

~의/~의 것입니다.

「の」는 우리말로 「~의」라는 뜻의 조사입니다. 일본어는 명사와 명사를 연결할 때 반드시 「の」가 들어갑니다. 또, 앞에 나온 명사를 반복하지 않고 「の」로 대신하는 경우가 있는데요, 이때는 우리말로 「~(의) 것」이라는 의미가 됩니다.

다음과 같이 「の」를 사용해서 말해 보세요.

A : その　ぼうしは　どこのですか。 그 모자는 어디 것입니까?

B : フランスのぼうしです。／フランスのです。

프랑스 모자입니다. / 프랑스 것입니다.

New Words

その 그　どこ 어디　ぼうし 모자　フランス 프랑스　けいたい 핸드폰　かんこく (韓国) 한국
バック 핸드백　イギリス 영국　ワンピース 원피스　アメリカ 미국　くつ 구두
イタリア 이탈리아

01 わたし(나)가 되어 주변 사람들을 소개해 보세요.

1 ヨンスは＿＿＿＿＿＿＿＿＿＿＿＿＿ 연수는 저의 가장 친한 친구입니다.

2 ＿＿＿＿＿＿＿＿＿ゴルフです。 스즈키 씨의 취미는 골프입니다.

3 ＿＿＿＿＿＿＿＿＿＿＿＿＿ 에밀리는 영국사람입니다.

4 けんたは＿＿＿＿＿＿＿＿＿＿＿＿ 켄타는 중학생이 아닙니다.

しょうがくせいです。 초등학생입니다.

5 ＿＿＿＿＿＿＿＿＿＿＿＿＿＿＿＿＿ 로버트 씨는 영어선생님입니다.

6 ＿＿＿＿＿＿＿＿＿＿＿＿＿＿＿＿＿ 켄 이치는 저의 메일친구입니다.

＊ 핸드폰 문자나 전자메일을 주고 받는
친구를 일본어로 「メル友」라고 합니다.
とも

어 대화를 잘 듣고 빈칸에 이름에 맞춰 직업을 써 넣으세요. ◉24

1

2

New Words

しつれい(失礼)ですが 실례합니다만, 죄송합니다만

인사말

○ 25

おはようございます。
오하요 - 고자이마스

안녕하세요.(아침인사)

아침인사입니다. 「おはよう」는 원래 「はやい:빠르다·이르다」라는 말이 변해서 생겼는데요, 「일찍 일어나셨네요」 정도의 의미에서 아침인사가 되었죠. 친구나 손아랫사람에게는 「おはよう」라고만 말해도 된답니다.

こんにちは。
콘 니찌 와

안녕하세요.(오후인사)

오후인사입니다. 「こんにちは　ごきげん　いかがですか(오늘은 기분이 어떠세요?)」라고 안부인사의 뒷부분이 생략된 말이에요. 「こんにちは」의 「は」는 조사니까 [와]로 발음해야 한답니다.

こんばんは。
콤 방 와

안녕하세요.(저녁인사)

저녁에 하는 인사말입니다. 「こんばんは　○○ですね(오늘밤은 ~하네요)」라는 안부인사의 뒷부분이 생략된 말이에요. 「こんばんは」의 「は」도 「こんにちは」의 「は」처럼 조사니까 [와]로 발음해야 한답니다.

おやすみなさい。
오 야 스 미 나 사 이

안녕히 주무세요.(밤인사)

밤에 잠자리에 들기 전에 하는 인사말입니다. 이 말은 「やすむ(쉬다)」라는 말이 변해서 생겼는데요. 「편히 쉬세요」라는 의미에서 「안녕히 주무세요」라는 말이 된 거죠. 친구나 손아랫사람에게는 「おやすみ」라고만 말해도 됩니다.

Chapter 02

何人かぞくですか。
なんにん

☀ 홈스테이 첫째날 _ **몇 식구예요?**

처음 만났지만 마리언니 성격이 너무 좋은 것 같아요! 수다 떨다 보니깐 벌써 너무 친해져 버린거 있죠!. (ㅋ_ㅋ) 마리 언니네 집은 공항에서 리무진 버스를 타고 가야 된대요. 대학생 오빠가 있다고 들었는데… 버스 안에서 마리언니 한테 가족이 어떻게 되는지 살짝 물어봐야겠어요! (:*)

Point		
1 • 숫자 말하기		
2 • 一人 ひとり	한 명(사람 수 말하기)	
3 • 何人ですか？ なんにん	몇 명이에요?	
4 • おねえさん	누나, 언니(가족명칭 말하기)	
5 • ～さい	~살(나이 말하기)	

Let's Talk

🔴 26, 27

マリ： ナレちゃんは　何人かぞくですか。

ナレ： 5人かぞくです。りょうしんと　あねと
　　　おとうとです。

マリ： ナレちゃんの　おねえさんは　高校生？

ナレ： ええ、森山さんと　おないどしです。

New Words

🔴 28

～ちゃん ～さん의 애칭
何人(なんにん) 몇 명
かぞく(家族) 가족
りょうしん(両親) 부모님
～と ～랑, ～와
あに(兄) 형, 오빠
ひとり(一人) 한 명
おとうと(弟) 남동생
おねえ(姉)さん (남의 가족을 말할 때)
　누나, 언니
おないどし 동갑

마리　나래는 몇 식구예요?
나래　다섯 식구예요. 부모님이랑 언니랑 남동생이에요.
마리　나래 언니는 고등학생?
나래　네, 모리야마 씨랑 동갑이예요.

Point

숫자 말하기

1

1부터 10까지의 숫자를 알면 큰자리 숫자들을 더 쉽게 말할 수 있어요. 예를 들어 11은 「じゅういち」, 12는 「じゅうに」고요, 20은 「にじゅう」, 30은 「さんじゅう」이고요, 99 는 「きゅうじゅうきゅう」가 됩니다.

＊100–「ひゃく」, 1,000–「せん」, 10,000–「いちまん」.

0	1	2	3	4	5	6	7	8	9	10
ゼロ	いち	に	さん	し よん	ご	ろく	しち なな	はち	く きゅう	じゅう

숫자를 이용해서 전화번호를 말해봅시다. 전화번호를 말할 때 '一'는 'の'라고 읽습니다. 그리고 4는 「よん」, 7은 「なな」, 9는 「きゅう」로 읽어야 합니다.

다음의 대화와 같이 전화번호를 묻고 답해보세요.

A : 電話ばんごうは 何番ですか。 전화번호는 몇 번이에요?
でん わ　　　　　　なん ばん

B : 03―436―1872(ゼロさんの よんさんろくの いちはちななに)です。
03–436–1872 입니다.

전화(03-436-1872)

4는 「し」, 7은 「しち」, 9는 「く」라고 읽지만 단독으로 한자리씩 떼어서 말할 때에는 「よん」, 「なな」, 「きゅう」로 읽습니다!

Point

2 一人 히또리/ひとり　　한 명(사람수 말하기)

「一人」는「한 명」이라는 뜻입니다. 사람을 셀 때에는「ひとり(한 명)」와「ふたり(두 명)」을 빼고는 전부 숫자에「~人(にん)」을 붙여서 말합니다. 앞에서 배운 숫자를 넣어서 열명까지 일본어로 말해볼까요?

한 명	두 명	세 명	네 명	다섯 명
1人 : ひとり	2人 : ふたり	3人 : さんにん	4人 : よにん	5人 : ごにん
여섯 명	일곱 명	여덟 명	아홉 명	열 명
6人 : ろくにん	7人 : ななにん	8人 : はちにん	9人 : きゅうにん	10人 : じゅうにん

그림을 보고 다음과 같이 각각 몇 명인지 말해보세요.

A : テニスは　全部で　何人ですか？ 테니스와 젠부데 난닝데스까　테니스는 전부 몇 명입니까?

B : ふたりです。 후따리데스　두 명입니다.

㉠テニス 테니스 (2)

①バスケットボール 농구 (5)

②やきゅう 야구 (9)

③サッカー 축구 (11)

New Words

全部(ぜんぶ)で 전부해서, 전부　　何人(なんにん) 몇 명　　テニス 테니스　　バスケットボール 농구

やきゅう 야구　　サッカー 축구

何人ですか？

なんにん

몇 명이에요?

「何人」은 「몇 명」이라는 말입니다. 여기에 「가족」이라는 뜻의 「かぞく」를 붙여서 「何人かぞくですか」라고 하면 「몇 식구입니까?」라는 뜻이 됩니다.

그림을 보고 몇 식구인지 일본어로 말해보세요.

A : キムさんは　何人かぞくですか。　김 ○○ 씨는 몇 식구 입니까?

B : さんにん　かぞくです。　세 식구입니다.

예 キムさん：3人

① もりさん：4人

② パクさん：5人

② リーさん：6人

4 おねえさん
오 네 - 상

누나, 언니(가족명칭 말하기)

「おねえさん」은 우리말의 「누님, 언니」 정도에 해당하는 말입니다. 일본어로는 누나랑 언니, 그리고 오빠와 형의 구별이 없어요. 꼭 영어 같죠? 그리고 일본어로는 나의 가족과 상대방의 가족을 부르는 말이 다릅니다. 아래의 표를 보고 나의 가족과 남의 가족을 어떻게 부르는지 배워볼까요?

○ 가족명칭 말하기(나의 가족 / 남의 가족)

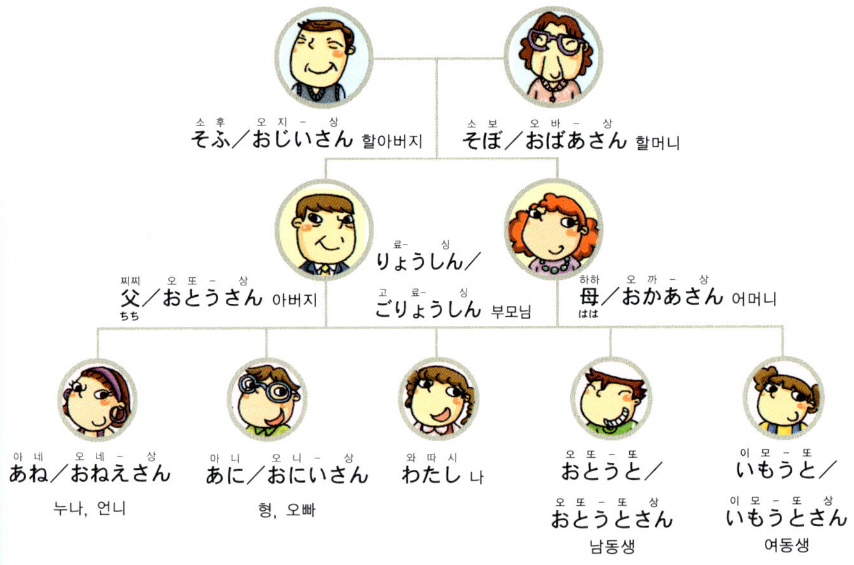

○ 일본어로는 나의 가족과 상대방의 가족을 어떻게 말하는지 바르게 연결해 보세요.

할머니	●	● そふ	●	● おばあさん
할아버지	●	● あね	●	● おとうさん
어머니	●	● あに	●	● いもうとさん
아버지	●	● はは	●	● おじいさん
여동생	●	● おとうと	●	● おねえさん
오빠/형	●	● そぼ	●	● おかあさん
남동생	●	● ちち	●	● おとうとさん
언니/누나	●	● いもうと	●	● おにいさん

～さい（才）

～살(나이 말하기)

5

일본어로 나이를 말할 때에는 숫자 뒤에「～さい」를 붙여서 말합니다. 예를 들어 17살은「じゅうななさい」라고 하죠. 모양이 달라지는 숫자도 있으니 주의하세요.「몇 살이예요?」라고 묻고 싶을 때에는「なんさいですか」라고 하는데요, 정중하게 물어볼 때는「おいくつですか」라고 해야 한답니다.

한 살	두 살	세 살	네 살	다섯 살
いっさい	にさい	さんさい	よんさい	ごさい
여섯 살	**일곱 살**	**여덟 살**	**아홉 살**	**열 살**
ろくさい	ななさい	はっさい	きゅうさい	じゅっさい
스무 살	**마흔 살**	**일흔 살**	**아흔 살**	**＊몇 살**
はたち	よんじゅっさい	ななじゅっさい	きゅうじゅっさい	なんさい

○ 그림을 보면서 자신의 가족이라고 생각하고 물음에 답해 보세요.

예　おとうさんは　おいくつですか？ 아버지는 연세가 어떻게 되세요?

父は　ごじゅっさいです。 아버지는 50세 되세요.
ちち

1　お母さんは　おいくつですか？ 어머니는 연세가 어떻게 되세요?
　かあ

＿＿＿＿＿＿＿＿＿＿＿＿＿＿＿。 어머니는 50세 되세요.

2　おにいさんは　おいくつですか？ 오빠는 몇 살이세요?

＿＿＿＿＿＿＿＿＿＿＿＿＿＿＿。 오빠는 20살이에요.

3　いもうとさんは　おいくつですか？ 여동생은 몇 살이세요?

＿＿＿＿＿＿＿＿＿＿＿＿＿＿＿。 여동생은 15살이에요.

 가로안의 숫자를 사용해서 여러가지 번호를 말해보세요.

1 A : けいたい番号は 何番ですか。
　　_{케 ─ 따 이방 고─와}　_{난 방 데 스 까}
　　けいたい _{ばんごう}　何番 _{なんばん}

　　B : ＿＿＿＿＿です。(090-9987-4409)
　　　　　　　_{데 스}

2 A : ゆうびん番号は 何番ですか。
　　_{유 ─ 빈 방 고─와}　_{난 방 데 스 까}
　　_{ばんごう}　_{なんばん}

　　B : ＿＿＿＿＿です。(134-030)
　　　　　　　_{데 스}

3 A : 学生番号は 何番ですか。
　　_{각 세─ 방 고─와}　_{난 방 데 스 까}
　　_{がくせい ばんごう}　_{なんばん}

　　B : ＿＿＿＿＿です。(1324030)
　　　　　　　_{데 스}

4 A : ファックス番号は 何番ですか。
　　_{확 꾸 스 방 고─와}　_{난 방 데 스 까}
　　_{なんばん}　_{なんばん}

　　B : ＿＿＿＿＿です。(02-355-8785)
　　　　　　　_{데 스}

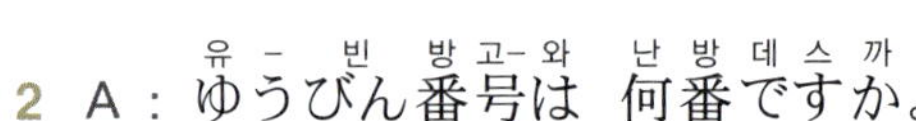

New Words

けいたい 핸드폰　　番号(ばんごう) 번호　　何番(なんばん) 몇 번　　ゆうびん 우편　　ファックス 팩스

02 わたしが なって 가족을 소개해 보세요.

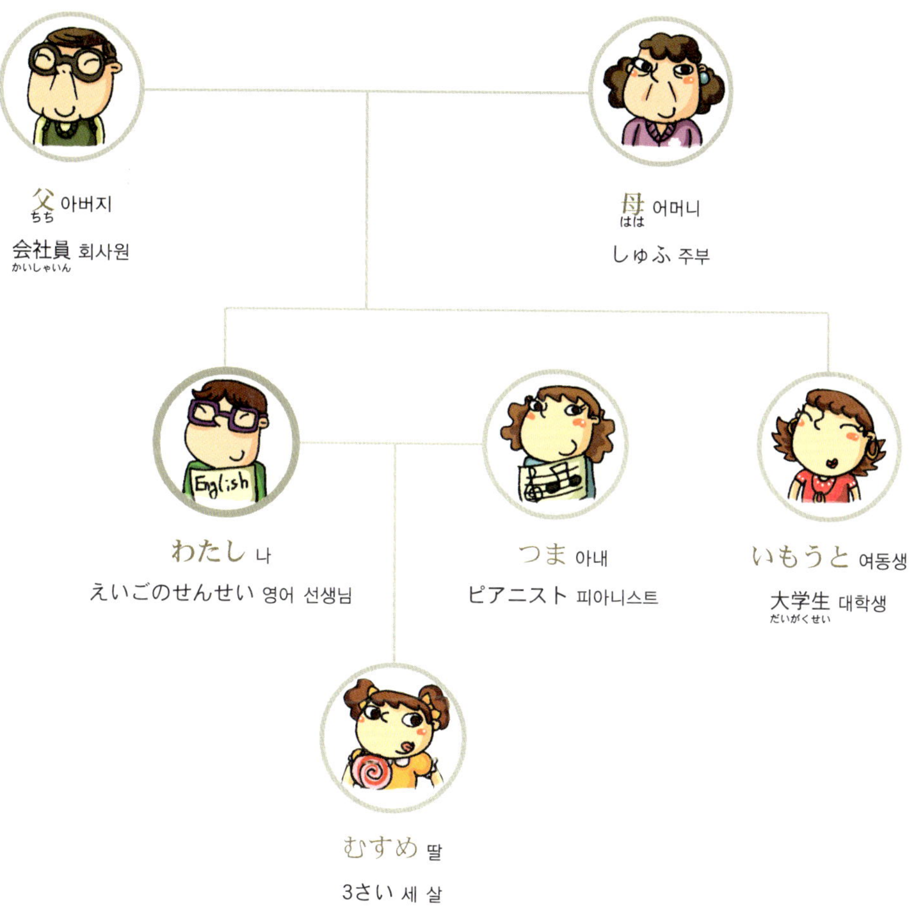

1 わたしの ________は 会社員です。 저의 아버지는 회사원이세요.
   かいしゃいん

2 ________________しゅふです。 저의 어머니는 주부예요.

3 ________________大学生です。 저의 여동생은 대학생이예요.
   だいがくせい

4 ________________ピアニストです。 제 아내는 피아니스트이예요.

5 ________________________。 제 딸은 세 살 이예요.

01 내용을 잘 듣고 빈칸에 알맞은 숫자를 써 넣으세요. 🔴30

033-(   )-(   )   (   )   (   )

02 내용을 잘 듣고 내용과 일치하는 그림을 고르세요. 🔴30

1 (   )   2 (   )   3 (   )   4 (   )

1부터 10까지의 숫자를 완벽히 외웠다면, 큰 숫자에도 도전해 보세요! 숫자 뒤에 단위만 붙이면 어려울 것이 없지만, 예외도 있으니 주의해서 차근차근 익혀 보세요. 일본 돈을 셀 때에는 숫자 뒤에 일본의 화폐단위인 「円(えん)」을 붙여 말하면 되죠.

一(いち)円 えん	十(じゅう)円 えん	百(ひゃく)円 えん	千(せん)円 えん	万(まん)円 えん
1 いち	10 じゅう	100 ひゃく	1,000 せん	10,000 いちまん
2 に	20 にじゅう	200 にひゃく	2,000 にせん	20,000 にまん
3 さん	30 さんじゅう	300 さんびゃく	3,000 さんぜん	30,000 さんまん
4 よん	40 よんじゅう	400 よんひゃく	4,000 よんせん	40,000 よんまん
5 ご	50 ごじゅう	500 ごひゃく	5,000 ごせん	50,000 ごまん
6 ろく	60 ろくじゅう	600 ろっぴゃく	6,000 ろくせん	60,000 ろくまん
7 なな	70 ななじゅう	700 ななひゃく	7,000 ななせん	70,000 ななまん
8 はち	80 はちじゅう	800 はっぴゃく	8,000 はっせん	80,000 はちまん
9 きゅう	90 きゅうじゅう	900 きゅうひゃく	9,000 きゅうせん	90,000 きゅうまん

*「4円」은 예외적으로 「よんえん」이 아닌 「よえん」이라고 합니다.

인사말

31

이 따 다 끼 마 스
いただきます。 잘 먹겠습니다.

식사하기 전에 하는 말입니다. 우리말로 「잘 먹겠습니다」라는 뜻이
에요. 꼭 식사 때만 쓰는 말은 아니고요, 누군가에게 마실 것 등을
대접 받았을 때에도 이렇게 말한답니다.

고 찌 소 - 사 마
ごちそうさま。 잘 먹었습니다.

식사를 끝마친 뒤에 하는 말입니다. 우리말로 「잘 먹었습니다」라는
의미죠. 정중하게는 「ごちそうさまでした」라고도 합니다.

잇 떼 끼 마 스
いってきます。 다녀오겠습니다.

밖에 나갈 때 쓰는 인사말입니다. 우리말로 「다녀오겠습니다」라는
뜻입니다. 대개는 집에서 나올 때 쓰지만 회사에서 외근이나 잠시
어디에 다녀오겠다는 의미로도 쓸 수 있습니다.

잇 떼 랏 샤 이
いってらっしゃい。 잘 다녀오세요.

집 밖으로 나가는 사람이 「いってきます」라고 말하면 「いってらっ
しゃい」라고 합니다. 우리말로 「잘 다녀오세요」라는 뜻입니다.

Chapter 03

これは　何<ruby>なん</ruby>ですか。

 홈스테이 둘째날_ **이건 무엇입니까?**

마리언니 방에서 도란도란 이야기를 나누었어요~. 사진으로 본 마리언니 남자친구 정말 너무 멋지네요. 나래도 어서 남자친구가 생겼으면 좋겠어요. 꺄ㅡ ()_<)

Point		
1 • こ・そ・あ・ど	이・그・저・어느
2 • 何ですか。	무엇입니까?
3 • だれ	누구

Let's Talk

🔴 32, 33

ナレ： これは　何_{なん}ですか。

マリ： それは　私_{わたし}の　兄_{あに}の　デジカメ。

ナレ： この　男_{おとこ}の人_{ひと}は　だれですか。

マリ： その人_{ひと}は〜、私_{わたし}の彼_{かれ}。

ナレ： へえー、恋人_{こいびと}？

マリ： そう。

New Words

🔴 34

この 이, 이것
デジカメ 디지털카메라(デジタル カ メラ의 줄임말)
男(おとこ) 남자
人(ひと) 사람
男(おとこ)の人(ひと) 남자(＊보통 '남자'는 「男」보다는 「男の人」라고 한다)
だれ 누구
彼(かれ) 남자친구, 또는 3인칭 대명사 '그'
恋人(こいびと) 애인
そう 그래, 맞아

나래　　이건 뭐예요?
마리　　그건 우리 오빠의 디지털카메라야.
나래　　이 남자는 누구에요?
마리　　그 사람은~, 내 남자친구.
나래　　오호~, 애인?
마리　　응.

1

こ・そ・あ・ど

이·그·저·어느

「こ・そ・あ・ど」는 사물이나 장소를 가리킬 때 쓰는 말인데요, 우리말의 「이·그· 저·어느」에 해당합니다. 아래 그림을 통해서 자세히 살펴보도록 할까요?

こ

말하는 사람에게서 가까운 것

そ

듣는 사람에게서 가까운 것

あ

대화 당사자 모두에게서 멀리 떨어진 것

ど

묻고자 하는 대상이 무엇인지 모를 때

	こ(이)	そ(그)	あ(저)	ど(어느)
사물	これ 이것	それ 그것	あれ 저것	どれ 어느 것
명사 수식	この〜 이〜	その〜 그〜	あの〜 저〜	どの〜 어느〜
장소	ここ 여기	そこ 거기	あそこ 저기	どこ 어디
방향	こちら 이쪽	そちら 그쪽	あちら 저쪽	どちら 어느 쪽

なんですか？

무엇입니까?

2

「なん」은 묻고자 하는 대상이 무엇인지 모를 때 사용합니다. 우리말로「무엇」이라는 뜻입니다.「なんですか」라고 하면「무엇입니까」라는 말이 되지요.「なん」을 넣어서 문장을 맺을 때에는 반드시 의문문으로 맺어야 한다는 점 기억해두세요.

동물원에 왔습니다. 아래의 단어를 넣어 다음과 같이 묻고 답해 보세요.

A : これは　なんですか？ 이것은 무엇입니까?

B : それは　さるです。 그것은 원숭이입니다.

だれ
다 레

누구

「だれ」는 우리말로 「누구」라는 뜻입니다. 「だれですか」라고 하면 「누구입니까?」라는 뜻이 되죠. 앞에서 배운 「の」를 붙여서 「だれの ～ですか？」라고 하면 「누구의 ~입니까?」「だれのですか？」라고 하면 「누구의 것입니까?」라는 말이 됩니다.

아래의 단어를 이용하여 다음과 같이 말해 보세요.

A : これは　だれの　ほんですか？ 이것은 누구의 책입니까?

B : それは　先生の　ほんです。 그것은 선생님의 책입니다.

예 ほん／先生　　①いぬ／リーさん　　②ぼうし／たなかさん

③いす／ジョン　　④ざっし／パクさん　　⑤えんぴつ／きむらさん

New Words

ほん(本) 책　　いぬ(犬) 개　　ぼうし 모자　　いす 의자　　ざっし 잡지　　えんぴつ 연필

01 교실에서 친구들끼리 각자의 소지품을 보고 누구의 것인지 맞추는 게임을 하고 있습니다. 아래의 그림을 보고 다음과 같이 말하는 연습을 해보세요.

A : これは　なんですか？ 이것은 무엇입니까?

B : それは　めがねです。 그것은 안경입니다.

A : これは　だれのですか？ 이것은 누구의 것 입니까?

B : それは　キムさんのです。 그것은 김 ○○ 씨 것 입니다.

㉠めがね／キム

①けいたい／もり

②ノート／きむら

③とけい／リー

④ボールペン／パク

⑤ハンカチ／ユン

New Words

けいたい 핸드폰　　ノート 노트　　とけい 시계　　めがね 안경　　ハンカチ 손수건　　ボールペン 볼펜

01 내용을 잘 듣고 오른쪽 사물이 각각 누구의 것인지 선으로 연결해보세요. 36

New Words

かばん 가방　　くるま(車) 차　　じてんしゃ(自転車) 자전거　　かれ(彼) 그

인사말

37

ありがとうございます。 감사합니다.
아 리 가 또 - 고 자 이 마 스

감사의 말입니다. 우리말로 「고맙습니다(감사합니다)」라는 뜻이에
요. 편하게 줄여서 「どうも」라고도 하지만 가벼운 표현이라서 손
윗사람에게는 잘 쓰지 않아요. 친구끼리 가볍게 「고마워」라고 말
할 때는 「サンキュー」라고도 하는데요, 영어의 「thank you」의
일본식 표현이에요.

どういたしまして。 천만예요.
도 - 이 따 시 마 시 떼

상대방에게 감사의 인사를 들었을 때 답례의 말로 쓰는 표현입니
다. 우리말로 「천만예요」라는 뜻이에요.

すみません。 죄송합니다.
스 미 마 셍

일본인들은 「すみません」이라는 말을 참 많이 씁니다. 원래는 「죄
송합니다」라는 사과의 말인데요 남에게 뭔가를 물어 볼 때에는
「실례합니다만」의 뜻으로 쓰이고요 상대방에게 도움을 받았을 때
에는 「고맙습니다」의 뜻으로 쓰인답니다.

だいじょうぶです。 괜찮습니다.
다 이 죠 - 부 데 스

「괜찮아요」라는 뜻입니다. 쓰임은 우리말의 「괜찮아요」와 거의 같
습니다. 예를 들어 버스 안에서 발을 밟혔을 때 상대방이 「すみま
せん」이라고 말하면 「いいえ、だいじょうぶです(아뇨, 괜찮아
요)」라고 해요.

Chapter 04

いつですか。

 홈스테이 셋째날 _ **언제입니까?**

오늘은 마리언니 생일이에요. 그래서 가족들과 함께 생일 파티를 열기로 했답니다! (*ov) 마리 언니네 꽃미남 오빠랑 오늘은 제대로 이야기를 나눠볼 수 있을 것 같아요. 아~ 무지무지 기대 됩니당~ (☆_☆)

Point		
1 • ~月 ~日	~월 ~일	
2 • いつですか。	언제입니까?	
3 • 요일과 때를 나타내는 말		

Let's Talk

🔊 38, 39

みんな： マリちゃん、たんじょう日 おめでとう！

マリ： ありがとう。

大介（だいすけ）： ナレちゃんの たんじょう日は いつ？

ナレ： 9月 3日です。大介さんは？

大介（だいすけ）： ぼくは 5月 5日。

ナレ： あっ、こどもの日ですね。

Point

1

<ruby>가쯔</ruby> <ruby>니찌</ruby>
～月 ～日
がつ　にち

～월 ～일

일본어로 날짜를 말하는 방법을 배워 봅시다. 먼저 「월(月)」은 숫자 뒤에 「～月」를 붙이고 요, 다음으로 날짜를 말할 때는 숫자뒤에 「～日」를 붙인답니다. 단, 1일부터 10일까지는 숫자 뒤에 「にち」를 붙이지 않고 조금 특별한 방법으로 말하기 때문에 모두 외우셔야 해요.

1월 ～ 12월

1月	2月	3月	4月	5月	6月
いちがつ	にがつ	さんがつ	しがつ	ごがつ	ろくがつ
7月	8月	9月	10月	11月	12月
しちがつ	はちがつ	くがつ	じゅうがつ	じゅういちがつ	じゅうにがつ

1일 ～ 31일

1日	2日	3日	4日	5日	6日	7日
ついたち	ふつか	みっか	よっか	いつか	むいか	なのか
8日	9日	10日	11日	12日	13日	14日
ようか	ここのか	とおか	じゅういちにち	じゅうににち	じゅうさんにち	じゅうよっか
15日	16日	17日	18日	19日	20日	21日
じゅうごにち	じゅうろくにち	じゅうしちにち	じゅうはちにち	じゅうくにち	はつか	にじゅういちにち
22日	23日	24日	25日	26日	27日	28日
にじゅうににち	にじゅうさんにち	にじゅうよっか	にじゅうごにち	にじゅうろくにち	にじゅうしちにち	にじゅうはちにち
29日	30日	31日				
にじゅうくにち	さんじゅうにち	さんじゅういちにち				

* 14, 20, 24일 읽는 법은 틀리지 않게 꼭 체크합시다!
* 1에서 10일까지는 꼭 외우셔야 합니다.
* 몇 월은 「なんがつ」, 며칠은 「なんにち」라고 합니다.

2

<ruby>いつですか<rt>이 쯔 데 스 까</rt></ruby>

언제입니까?

「いつ」는 때를 물을 때 쓰는 말로서 우리말로 「언제」라는 뜻입니다. 의문문에 연결해서
「いつですか？(언제입니까?)」 「～は いつですか？(～은 언제입니까)」와 같이 말합니다.

아래 단어를 사용해서 다음의 대화와 같이 묻고 대답해 보세요.

A : たんじょう日は　いつですか？　생일은 언제입니까?

B : さんがつ　ここのかです。　3월 9일입니다.

㉠たんじょう日(3月 9日)

①家族りょこう(8月 15日)

②オーディション(5月 4日)

③夏休み(7月 25日)

④コンサート(10月 3日)

⑤テスト(6月 24日)

New Words

たんじょうび(誕生日) 생일　　家族旅行(かぞくりょこう) 가족여행　　オーディション 오디션
夏休(なつやす)み 여름방학, 여름휴가　　コンサート 콘서트　　テスト 시험

3 요일과 때를 나타내는 말

「요일」은 일본어로 「ようび」라고 합니다. 「무슨 요일이에요?」라고 물을 때는 「なんようびですか？」라고 하면 되죠. 요일과 함께 때를 나타내는 말도 중요하니까 함께 꼭 기억해두세요.

요일을 나타내는 말

月	火	水	木	金	土	日	何
げつようび	かようび	すいようび	もくようび	きんようび	どようび	にちようび	なんようび

때를 나타내는 말

← 과거 →		현재	← 미래 →	
おととい 그저께	きのう 어제	きょう 오늘	あした 내일	あさって 모레
せんせんしゅう 지지난 주	せんしゅう 지난 주	こんしゅう 이번 주	らいしゅう 다음 주	さらいしゅう 다다음 주

Mini Test

きょうは 13日（じゅうさんにち） 水（すい）ようびです。 오늘은 13일 수요일입니다.

1 あしたは 何（なん）ようびですか。 내일은 무슨 요일입니까?

____

2 あさっては 何（なん）ようびですか。 모레는 무슨 요일입니까?

____

3 らいしゅうの 水（すい）ようびは 何日（なんにち）ですか。 다음 주 수요일은 며칠입니까?

____

01 다음 메모를 잘 읽고 일주일 동안의 스케쥴을 간단히 적어보세요.

1 きょうは　月よういびです。きょうは　アルバイトです。

2 日本語の　テストは　金よういびです。

3 あさっては　リーさんの　誕生日です

4 英語の　テストは　木よういびです。

5 あしたは　ごうこんです。

6 土よういびは　デートです。

7 日よういびは　休みです。

★わたしの　スケジュール★　나의 스케줄

月ようび げつ	火ようび か	水ようび すい	木ようび もく	金ようび きん	土ようび ど	日ようび にち
アルバイト						

1. 오늘은 월요일입니다. 오늘은 아르바이트입니다.　2. 일본어 시험은 금요일입니다.

3. 모레는 이 ○○씨의 생일입니다.　4. 영어 시험은 목요일입니다.

5. 내일은 미팅입니다.　6. 토요일은 데이트입니다.

7. 일요일은 쉬는 날입니다.

New Words

アルバイト 아르바이트　休(やす)み 쉼, 쉬는 날　日本語(にほんご)のテスト 일본어 시험　英語(えいご) 영어
ごうこん 미팅　デート 데이트

 다음은 일본의 경축일의 일부입니다. 표를 보면서 아래 질문에 답해보세요.

1月 1日 いちがつ ついたち	正月(しょうがつ) 설날
2月 14日 にがつ じゅうよっか	バレンタインデー 발렌타인데이
3月 21日 さんがつ にじゅういちにち	春分の日(しゅんぶんのひ) 춘분
4月 29日 しがつ にじゅうくにち	昭和の日(しょうわのひ) 쇼와의 날
5月 5日 ごがつ いつか	こどもの日(ひ) 어린이날
12月 23日 じゅうにがつ にじゅうさんにち	天皇の誕生日(てんのうのたんじょうび) 천황탄생일
12月 25日 じゅうにがつ にじゅうごにち	クリスマス 크리스마스
12月 31日 じゅうにがつ さんじゅういちにち	おおみそか 말일

＊붉은글씨로 표기된 날은 공휴일

1 日本の　正月は　いつですか？ 일본의 설날은 언제입니까?
　　に ほん　しょうがつ

　　________________________________

2 日本の　こどもの日は　いつですか？ 일본의 어린이 날은 언제입니까?
　　に ほん　　　　ひ

　　________________________________

3 日本の　クリスマスは　休みですか？ 일본의 크리스마스는 공휴일입니까?
　　に ほん　　　　　　やす

　　________________________________

4 3月　21日は　なんの日ですか？ 3월 21일은 무슨 날입니까?
　　さんがつ　にじゅういちにち　　　ひ

　　________________________________

Listening

01 대화를 잘 듣고 주어진 물음에 일본어로 답해보세요. 🔴42

1　木村さんの　誕生日は　いつですか。 기무라 씨의 생일은 언제입니까?
　　き むら　　たんじょう び

____

2　日本語の　テストは　いつですか。 일본어 시험은 언제입니까?
　　に ほん ご

____

3　ホームパーティーは　いつですか。 홈파티는 언제입니까?

____

New Words

こんしゅう 이번 주　らいしゅう 다음 주　えっ 앗(놀랄 때 쓰는 감탄사)　家(いえ) 집
ホームパーティー 홈 파티　わかりました 알겠습니다

인사말

43

じゃ、また あした。 그럼, 내일 또 봐.
샤 마 따 아 시 따

헤어질 때 쓰는 말이에요. 「그럼, 내일 또 봐」라는 뜻이죠. 일본어로 헤어질 때 쓰는 말하면 「さようなら」를 떠올리시는 분이 많은데요 「さようなら」는 앞으로 오랫동안 못 만나게 될 것 같은 상황에 쓰는 말이라서 일상적인 헤어짐을 나타내기에는 조금 어색하답니다.

おさきに しつれい します。 먼저 가보겠습니다.
오 사 끼 니 시 쯔 레 - 시 마 스

「しつれい します」는 원래 「실례합니다」라는 뜻이에요. 용무를 마치고 먼저 자리에서 일어날 때 「おさきに しつれいします」라고 하는데 이럴 때는 「먼저 가보겠습니다」라는 뜻이 되죠.

おつかれさまでした。 수고하셨습니다.
오 쯔 까 레 사 마 데 시 따

우리말로 「수고히셨습니다」라는 뜻이에요. 비슷한 표현으로 「ごくろうさま」라는 말도 있는데요 윗사람에게 쓰면 실례가 되니까 주의하셔야 해요.

ちょっと すみません。 잠시만요.
촛 또 스 미 마 셍

「すみません」은 원래 「미안합니다」라는 말이지만, 남에게 뭔가를 양해를 구할 때도 자주 쓰인답니다. 우리말의 「저기요」나 「잠시만요」 정도의 의미가 된답니다. 「ちょっと」는 「조금」이라는 의미예요.

일본의 국경일에는 어떤 것들이 있는지 자세히 알아봅시다. 우리나라와 비슷한 국경일도 있지만, 크리스마스가 국경일이 아닌 점, 천황의 생일이 국경일이라는 점 등이 낯설지요. 또 일본은 국경일이 일요일인 경우에는 그 다음날인 월요일이 휴일이 된답니다.

1월 1일	元旦(がんたん) 정월 초하루 – 한 해의 시작을 축하하는 날
1월 제2월요일	成人(せいじん)の日(ひ) 성인의 날 – 성인이 된 것을 자각하고, 자립하려는 청년을 축하하는 날
2월 11일	建国記念日(けんこくきねんび) 건국기념일 – 건국을 기념하며, 나라를 사랑하는 마음을 키우는 날
3월 20일 경	春分(しゅんぶん)の日(ひ) 춘분(낮과 밤의 길이가 거의 같은 날) – 자연을 소중히 생각하며 생물을 사랑하는 날
4월 29일	昭和(しょうわ)の日(ひ) 쇼와의 날 – 원래는 쇼와시대의 천황탄생일. 쇼와시대를 되돌아 보고 나라의 장래에 대해 생각하는 날
5월 3일	憲法記念日(けんぽうきねんび) 헌법기념일 – 일본의 헌법 시행을 기념하며 국가 발전을 기약하는 날
5월 4일	みどりの日(ひ) 초록의 날 자연을 접하며 그 은혜에 감사하고 풍요로운 마음을 기르는 날
5월 5일	こどもの日(ひ) 어린이 날 – 어린이의 인격을 존중하고 행복을 기원하는 날
7월 제3월요일	海(うみ)の日(ひ) 바다의 날 – 바다의 은혜에 감사하며 해양국 일본의 번영을 기원하는 날
9월 제3월요일	敬老(けいろう)の日(ひ) 경로의 날 오랜 세월에 걸쳐 사회에 공헌해온 노인 분들을 경애하고 장수를 기원하는 날
9월 23일 경	秋分(しゅうぶん)の日(ひ) 추분(낮과 밤의 길이가 거의 같은 날) 조상을 공경하고 돌아가신 분들을 기리는 날
10월 제2월요일	体育(たいいく)の日(ひ) 체육의 날 – 스포츠를 즐기며 건강한 심신을 기르는 날
11월 3일	文化(ぶんか)の日(ひ) 문화의 날 – 자유와 평화를 사랑하고, 문화를 향상시키는 날
11월 23일	勤労感謝(きんろうかんしゃ)の日(ひ) 근로감사의 날 근로를 존중하고, 생산을 축하하며, 모든 국민이 서로 감사를 나누는 날
12월 23일	天皇誕生日(てんのうたんじょうび)천황탄생일 – 천황의 탄생일을 축하하는 날

Chapter 05

何時ですか？
なんじ

 홈스테이 넷째날_ **몇 시예요?**

오늘은 다이스케 오빠랑 한국에 있는 가족들과 친구들에게 줄 선물을 사러 나왔어요! 하루종일 피곤한 줄도 모르고 돌아다녔답니다. 음… 이제 슬슬 집에 가야 되는데 뭘 타고 가지?

Point		
1	何時ですか？ なんじ	몇 시에요?
2	시각을 나타내는 말	
3	～から～まで	～부터 ～까지

Let's Talk

🔊 44, 45

大介（だいすけ）： ナレちゃん、今（いま）、何時（なんじ）？

ナレ： 7時（しちじ）　30分（さんじゅっぷん）です。

大介（だいすけ）： 本当（ほんとう）？　もう　こんな　時間（じかん）？

ナレ： あっ！　そうだ。8時（はちじ）から　サッカーですよね。

大介（だいすけ）： 家（いえ）まで　タクシーで　いく？

ナレ： ええ、そうしましょう。

New Words

🔊 46

今（いま） 지금

何時（なんじ） 몇시

本当（ほんとう） 진짜, 정말

サッカー 축구

～よね ～군요, 그렇죠? (상대방에게
　　동의를 구할 때 쓰는 종조사)

家（いえ） 집

タクシー 택시

～で ～으로(수단)

そうしましょう 그렇게 합시다

다이스케	나래야, 지금 몇시야?
나래	7시 30분이에요.
다이스케	진짜? 벌써 시간이 이렇게 됐어?
나래	앗! 맞다. 8시부터 축구였죠?
다이스케	집까지 택시로 갈래?
나래	네, 그래요.

1 何時ですか。　　　　　　　　　몇 시에요?
난 지 데 스 까
なん じ

「何時」는 우리말로 「몇 시」라는 뜻입니다. 의문문을 붙여 「何時ですか」라고 하면 시간
なん じ　　　　　　　　　　　　　　　　　　　　　　　　　　　　　　　　なん じ
을 묻는 「몇시입니까?」라는 말이 되고요, 「今、何時ですか」라고 하면 「지금 몇 시입니
いま　なん じ
까?」라는 표현이 됩니다. 일본어로 시간을 말할 때에는 앞에서 배운 숫자에 「時 : 시」
じ
와 「分 : 분」을 붙여서 말하면 되죠.
ふん

○ 시간 말하기

1시(時)	2시	3시	4시	5시	6시
いちじ	にじ	さんじ	よじ	ごじ	ろくじ
7시	8시	9시	10시	11시	12시
しちじ	はちじ	くじ	じゅうじ	じゅういちじ	じゅうにじ

○ 분 말하기

1분(分)	2분	3분	4분	5분
いっぷん	にふん	さんぷん	よんぷん	ごふん
6분	7분	8분	9분	10분
ろっぷん	ななふん	はっぷん	きゅうふん	じゅっぷん／じっぷん

○ 시각을 나타내는 다양한 표현

반(30분)	~시 넘어	정각
はん	~時すぎ	ちょうど
5분 전	5분 빠르다	5분 느리다
ごふん まえ	ごふん すすんでいる	ごふん おくれている

Point

그림을 보고 다음과 같이 몇 시인지 묻고 답하며 시간을 히라가나로 써보세요.

A : 今、何時ですか？ 지금 몇 시입니까?
（いま　なんじ）

B : ごじです。 다섯 시입니다.

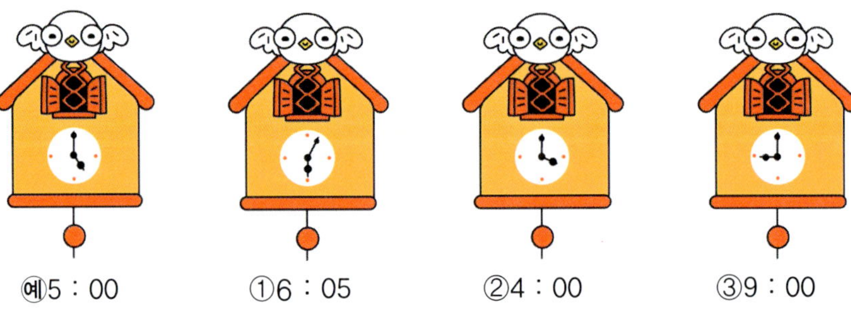

| 예 5 : 00 | ① 6 : 05 | ② 4 : 00 | ③ 9 : 00 |

| ④ 12 : 30 | ⑤ 5 : 25 | ⑥ 6 : 15 | ⑦ 7 : 45 |

2

<ruby>까라</ruby> <ruby>마데</ruby>
～から　～まで

~부터 ~까지

「～から　～まで」는 우리말로 「~에서 ~까지」라는 말입니다. 시간, 장소, 기한 등의 시작과 끝을 나타낼 때 씁니다.

그림을 보면서 다음과 같이 묻고 답해 보세요.

A : デパートは　何時から　何時までですか？ 백화점은 몇 시부터 몇 시까지 입니까?

B : 9時から　8 時までです。 9시부터 8시까지 입니다.

㉖デパート
（9時～8時）

①ゆうびんきょく
（10時～6時）

②ぎんこう
（8時30分～4時30分）

③としょかん
（8時～7時50分）

④びょういん
（9時30分～7時30分）

⑤レストラン
（11時～10時）

New Words

デパート 백화점　　ゆうびんきょく (郵便局) 우체국　　ぎんこう (銀行) 은행　　としょかん (図書館) 도서관
びょういん (病院) 병원　　レストラン 레스토랑

01 세계 지도입니다. 시각을 보면서 다음과 같이 연습해보세요.

A : ソウルは　今　何時ですか？ 서울은 지금 몇 시입니까?

B : ごぜん　12時　25分です。 오전 12시 25분입니다.

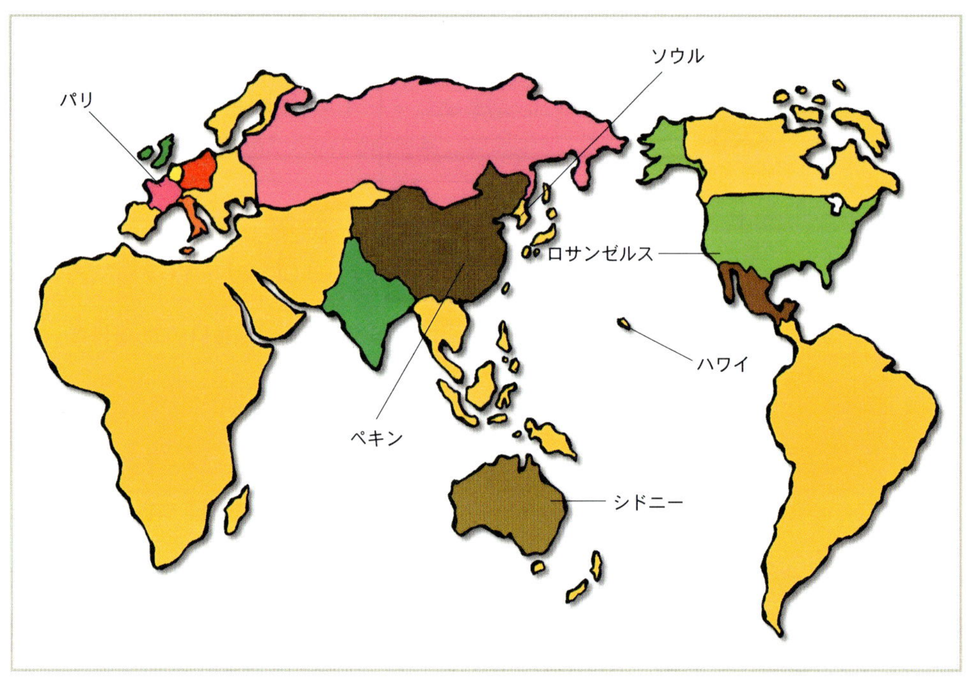

〈세계의 시각〉

서울 （ソウル）	북경 （ペキン）	파리 （ パ リ ）	시드니 （シドニー）	로스엔젤레스 （ロサンゼルス）	하와이 （ハワイ）
12:25 A.M	11:25 A.M	5:30 P.M	1:25 P.M	11:30 P.M	5:25 A.M

＊ 오전은 「ごぜん(午前)」, 오후는 「ごご(午後)」라고 합니다.

Listening

01 내용을 잘 듣고 대화 내용에 맞는 시계를 골라 기호를 써 넣으세요. 🔴48

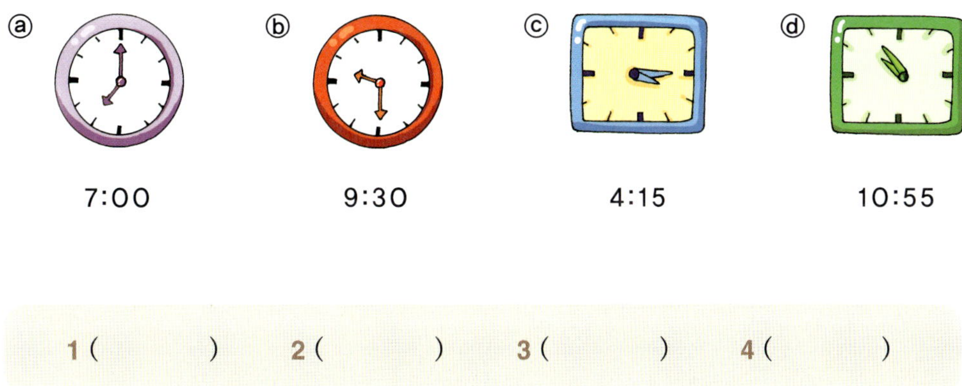

1 (   )   **2** (   )   **3** (   )   **4** (   )

02 내용을 잘 듣고 빈칸에 들어갈 알맞은 말을 써 넣으세요.

	ⓐ何時から　何時までですか？ なんじ　　なんじ 몇 시 부터 몇 시 까지입니까?	ⓑ休みは　いつですか？ やす 휴일은 언제입니까?
1) レストラン 레스토랑		
2) デパート 백화점		
3) 病院 びょういん 병원		

New Words

コンサート 콘서트　　あした(明日) 내일　　テスト 시험　　日本語(にほんご) 일본어　　じゅぎょう(授業) 수업
休(やす)み 쉬는 날　　病院(びょういん) 병원

인사말

○49

오 히 사 시 부 리 데 스
おひさしぶりです。 오랜만입니다.

오랜만에 만났을 때 쓰는 인사말입니다. 우리말로 '오래간만이군요'
라는 뜻입니다. 친구나 아랫사람에게는 「おひさしぶり」라고 합니
다.

오 겡 끼 데 스 까
おげんきですか。 잘 지내십니까?

직역하면 「몸건강히 잘있습니까?」라는 뜻이지만 인사말이 되면 가
벼운 안부인사로 「안녕하세요?」라는 뜻이에요.

오 까 게 사 마 데
おかげさまで。 덕분예요.

앞에서 말한 「おげんきですか」에 대한 답례로 '덕분에(잘있었어
요)'라는 말입니다. 뒤에 '건강합니다'라는 뜻의 「げんきです」를 붙
여서 「おかげさまで　げんきです(덕분에 건강합니다)」라고 해도
좋습니다.

오 다 이 지 니
おだいじに。 몸조리 잘 하세요.

병원에 병문안을 갔거나 오랫동안 헤어져 있을 때 쓰는 말입니다.
우리말로 '몸조리 잘 하세요, 몸 건강히 안녕히 계세요'라는 뜻입니
다.

Chapter 06

いくらですか。

 홈스테이 다섯째 날 _ **얼마예요?**

아침을 먹고 근처에 잠깐 산책을 하러 나왔어요! 상쾌한 아침공기~ 정말 기분이 좋아요. (·0v) 어근데 갑자기 배가 사르르…. 윽…어디 화장실 없나? (-_-;;) 아참! 일본 편의점는 화장실도 있다던데… 앗! 저기 편의점이 있네요. 잠깐 들러서 껌도 하나 사고 화장실에 다녀와야 겠어요! (-"-;;) 아이구 배야~

Point		
1 • いくらですか？	얼마에요?
2 • どこですか？	어디에요?
3 • 물건을 세는 단위	

Let's Talk

🔴 50, 51

店員 （てんいん）： いらっしゃいませ。

ナレ： この　ガム　ください。いくらですか。

店員 （てんいん）： 120円です。（ひゃくにじゅうえん）

ナレ： あのう…、トイレは　どこですか。

店員 （てんいん）： お手洗い（てあら）は　あそこです。

ナレ： どうも。

New Words

🔴 52

いらっしゃいませ 어서오세요
ガム 껌
ください 주세요
トイレ 화장실 (영어 'toilet'의 일본식 표현)
お手洗(てあら)い 화장실
あそこ 저쪽
どうも 고마워요

점원	어서오세요.
나래	이 껌 주세요. 얼마죠?
점원	120엔입니다.
나래	저기…, 화장실은 어디죠?
점원	화장실은 저쪽에요.
나래	감사합니다.

1. いくらですか?

얼마에요?

우리말로「얼마에요?」라는 뜻이에요. 물건값을 물을 때 쓰죠.

식당에 왔습니다. 아래의 메뉴를 보고 다음와 같이 가격을 묻고 답해 보세요.

A : カレーライスは　いくらですか？ 카레라이스는 얼마입니까?

B : ごひゃく円です。 500엔입니다.
えん

メニュー

カレーライス	サンドイッチ	ぎゅうどん	うどん
카레라이스	샌드위치	쇠고기 덮밥	우동
500円	600円	380円	350円
スパゲッティ	ていしょく(定食)	ラーメン	コーラ
스파게티	정식	라면	콜라
570円	720円	440円	190円

Point

2　どこですか？

어디에요?

「どこ」는 장소를 묻고 싶을 때 쓰는 말로「어디」라는 뜻입니다..「どこですか」라고 하면「어디에요?」라는 표현이 됩니다.

○ 아래의 그림을 보면서 다음과 같이 묻고 답해 보세요.

A : すみません、トイレは　どこですか？　실례합니다, 화장실은 어디입니까?

B : あそこです。／はい、こちらです。　저기입니다. / 네, 이쪽입니다.

＊먼 곳을 가리키며 안내할 때는「あそこ : 저쪽」라고 하지만 직접 안내할 때는「はい、こちらです : 네, 여기입니다.」라고 합니다.

㉠トイレ 화장실

①しやくしょ 시청

②きょうしつ 교실

③えき 역

④しょくどう 식당

⑤ばいてん 매점

물건을 세는 단위

우리말도 물건을 셀 때 자동차의 경우에는 한 대, 두 대…. 연필인 경우에는 한 자루, 두 자루… 하고 세죠? 일본어도 물건을 셀 때 세는 물건이 무엇이냐에 따라서 단위가 다른데요, 이것을 조수사라고 해요. 보통 숫자 1, 3, 6, 8, 10에 붙는 조사에는 음변화가 많으니 주의해서 익혀봅시다.

○ 갯수를 셀 때 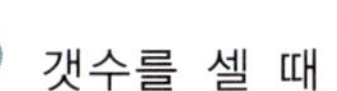

하나	둘	셋	넷	다섯
ひとつ	ふたつ	みっつ	よっつ	いつつ
여섯	**일곱**	**여덟**	**아홉**	**열**
むっつ	ななつ	やっつ	ここのつ	とお
몇 개 : いくつ				

*우리말의 하나, 둘, 셋…처럼 고유어로 만들어진 말입니다. 꼭 외워 둡시다.

○ 〜ほん(本) : 〜자루, 〜개 : 가늘고 긴 물건을 셀 때

1	2	3	4	5
いっぽん	にほん	さんぼん	よんほん	ごほん
6	7	8	9	10
ろっぽん	ななほん	はっぽん	きゅうほん	じゅっ(じっ)ぽん
몇 자루 · 몇 개 : なんぼん				

○ 〜かい(階) 〜층 : 건물 층수를 셀 때

1	2	3	4	5
いっかい	にかい	さんがい	よんかい	ごかい
6	7	8	9	10
ろっかい	ななかい	はちかい	きゅうかい	じゅっかい
지하 : ちか	몇 층 · 몇 회 : なんかい			

01 백화점에 쇼핑을 하러 왔습니다. 그림을 보고 다음과 같이 묻고 답하세요.

A : すみません。ネクタイ　うりばは　なんかいですか。
실례합니다. 넥타이 매장은 몇 층입니까?

B : いっかいです。 1층입니다.

New Words

ネクタイ 넥타이　　うりば(売場) 매장　　ちか(地下) 지하　　ちゅうしゃじょう(駐車場) 주차장
しょくりょうひん(食料品) 식료품　　ワイン 와인　　ふじんふく(婦人服) 숙녀복
でんかせいひん(電化製品) 가전제품　　100円(えん)ショップ 100엔 숍　　レストラン 레스토랑

01 편의점에서의 대화입니다. 내용을 잘 듣고 손님이 산 물건의 가격을 써보세요.  54

New Words

ガム 껌　　かんビール 캔맥주　　しんぶん 신문　　かさ 우산　　ざっし 잡지　　おべんとう 도시락

쇼핑 일본어

55

おつりです。 거스름돈입니다.

「おつり」는 우리말로 「거스름돈」이란 뜻이에요. 일본에서는 물건값에 5%의 소비세가 붙거든요. 그래서 일본사람들은 늘 잔돈을 준비해서 가지고 다닌답니다. 100엔짜리 물건을 사면 105엔을 지불해야 하는데 200엔을 내고 잔돈을 거슬러 받으면 너무 귀찮잖아요? 그럴 땐 정말 1엔이 아쉬울 때가 많아요.

サイズが ありません。 사이즈가 없어요.

일본에서 신발을 구입해본 적이 있으세요? 우리나라는 신발사이즈를 미리미터로 계산하잖아요? 그런데 일본에서는 센티미터로 계산한답니다. 예를 들어 한국에서 사이즈 235인 신발은 일본에서는 23.5가 되는거죠. 참! 일본어로 숫자를 읽을 때 소수점은 「てん」이라고 하면 되요.

まけて ください。 깍아주세요.

「まける」는 원래 「지다」라는 의미이지만 물건을 살 때 쓰면 「깍아주세요」라는 의미로 쓰여요. 우리나라는 물건 값을 깍아주는 인심이 아직도 있어서 너무 좋지만, 일본의 경우는 대부분 정찰제가 되버려서 요즈음은 이 말을 쓸 기회가 적어진 것 같아 조금 서운하네요.

ぜいこみ(税込み)。 세금포함

일본에서 처음 쇼핑하는 사람들은 간혹 어리둥절 해질 때가 있습니다. '왜 가격표에 붙은 가격이랑 영수증에 찍힌 가격이 틀릴까?' 이유는 바로 소비세 때문이에요. 일본에서는 물건을 구입하면 5%의 소비세를 지불해야 하는데요. 그래서 100엔이라고 표시되어 있는 물건을 사도 실제 지불하는 금액은 105엔이 되는 거죠. 소비세를 포함해서 표시한 가격을 「ぜいこみ(税込み)」라고 한답니다.

Chapter 07

パンダが　います。

☀ 홈스테이 여섯째 날 _ **팬더곰이 있어요.**

여러분 안녕 ~! 화창한 토요일이에요. 오늘은요… 다이스케 오빠가 우에노 동물원을 구경시켜주기로 했어요. 너무 신나요! (ㅇ～♬) 동물원에는 어떤 동물들이 있을까요?

아~ 뭘입고 가지? 무슨 얘기를 해야하지? 아~ 벌써부터 긴장됩니다 (ㅡㅂㅡ;;)

Point		
1 ● ～に	～에
2 ● います。	있습니다.(생물)
3 ● あります。	있습니다.(사물)

Let's Talk

🔴 56, 57

大介（たいすけ）： ナレちゃん、韓国（かんこく）にも　パンダが　いる？

ナレ： ええ、いますよ。ソウル大公園（だいこうえん）に　います。

大介（たいすけ）： ソウル大公園（だいこうえん）って　どこに　あるの？

ナレ： ソウルの　南（みなみ）に　あります。

New Words

🔴 58

韓国（かんこく）한국

〜にも 〜에도

パンダ 팬더곰

います (생물이)있습니다 ＊いる 있다

ソウル大公園（だいこうえん）서울
대공원

〜に 〜에

〜って 〜라는 건(앞에 나온 명사를 지칭하는 말)

どこに 어디에

〜の 〜거야?(문말에 붙어 감동 또는 의문을 나타내는 종조사)

南（みなみ）남쪽

あります (사물이)있다 ＊ある 있다

다이스케　나래야, 한국에도 팬더곰이 있어?
나래　예, 있어요. 서울대공원에 있어요.
다이스케　서울대공원은 어디에 있는데?
나래　서울의 남쪽에 있어요.

~に
~에

「~に」는 장소나 위치를 나타내는 조사입니다. 우리말로「~에」라는 뜻인데요, 위치를 나타내는 말과 함께 많이 쓰이니까 같이 기억해두면 좋답니다.

○ 위치를 나타내는 말을 알아봅시다.

*「となり」와「そば」는 같은 옆인가요? 쉽게 말하면「そば」가「となり」보다 사용범위가 넓습니다.「となり」는 가장 가까운 옆에 있는 종류가 같은 것을 말할 때 쓰지만,「そば」는 종류에 상관없이 옆 뿐만 아니라 앞뒤 좌우 등 모든 방향에 있는 것에 사용합니다. 또,「よこ」도 '옆'이라는 뜻인데요, 좌우수평에 있는 것을 가르키며「となり」보다 조금 넓은 범위까지 사용할 수 있습니다.

Point

2

います。

있습니다.(생물)

일본어로는 존재를 나타내는 표현이 두 가지 인데요, 우선 사람이나 동물처럼 스스로 움직일 수 있는 것의 존재를 나타낼 때에는 「います(있습니다)」「いません(없습니다)」을 쓴답니다.

아래 그림을 보면서 다음과 같이 어디에 누가 있는지 묻고 대답해보세요.

A : たむらさんは　どこに　いますか？ 타무라 씨는 어디에 있습니까?

B : キムさんの　前に　います。 김 ○○ 씨 앞에 있습니다.
　　　　　　　まえ

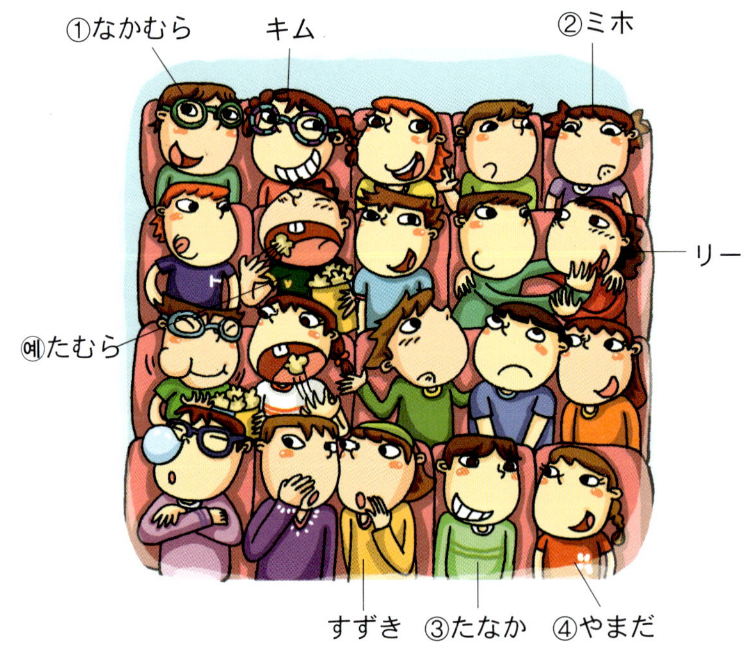

あります。

③

무생물과 식물처럼 스스로 움직이지 못하는 사물의 존재를 말할 때에는「あります
(있습니다)」「ありません(없습니다)」을 씁니다.

아래 그림을 보면서 물건이 어디 있는지 다음과 같이 묻고 답해 보세요.

A : おにぎりは　どこに　ありますか？ 주먹밥은 어디에 있습니까?

B : サンドイッチと　おべんとうの　あいだに　あります。
샌드위치와 도시락 사이에 있습니다.

New Words

しんぶん(新聞) 신문　　カウンター 카운터　　アイスクリーム 아이스크림　　サンドイッチ 샌드위치
おにぎり 주먹밥　　おべんとう 도시락　　サラダ 샐러드　　ざっし 잡지　　缶(かん)ビール 캔맥주
缶(かん)コーヒー 캔커피　　ミルク 우유　　ジュース 쥬스　　トイレ 화장실

01 아래 그림을 보면서, 위치를 물어보는 질문에 대답해 보세요.

> 예 はなやは　どこに　ありますか？ 꽃집은 어디에 있습니까?
>
> ⇨ びょういんの　となりに　あります。 병원 옆에 있습니다.

1　ほんやは　どこに　ありますか。 서점은 어디에 있습니까?

　　__________________________________

2　ゆうびんきょくは　どこに　ありますか。 우체국은 어디에 있습니까?

　　__________________________________

3　デパートは　どこに　ありますか。 백화점은 어디에 있습니까?

　　__________________________________

4　ぎんこうは　どこに　ありますか。 은행은 어디에 있습니까?

　　__________________________________

5　えきは　どこに　ありますか。 역은 어디에 있습니까?

　　__________________________________

Listening

01 아래의 단어를 익힌 뒤, 내용을 듣고 아래 그림과 일치하는 것에 ○, 일치하지 않는 것에 × 표시를 하세요.

예 ×

1	2	3
4	5	6

New Words

いす 의자　　ほんだな(本棚) 책장　　テーブル 테이블　　いぬ(犬) 개　　まど(窓) 창문　　ドア 문

はな(花) 꽃　　テレビ 텔레비전　　よこ 옆

자주 쓰는 일본어

61

よかったですね。 다행이네요.

「よかった」는 직역하면 「좋았다」라는 뜻이지만 회화에서는 「잘 됐네요」「다행이네요」라는 의미로 쓰여요. 친구랑 이야기 할 때는 「よかったね」라고만 해도 된답니다.

がんばって ください。 힘내세요.

원래는 「분발하세요」라는 뜻이지만 회화에서는 「열심히 하세요」 정도의 의미로 쓰입니다. 상대방에게 용기를 주고 격려할 때 써 요. 우리말의 「화이팅」정도의 어감이라고 할까요? 운동 경기를 보 면서 응원할 때, 우리는 「화이팅!」「이겨라!」라고 하잖아요? 일본 에서는 「がんばって!」「がんばれ!」라고 한답니다.

かんぱい! 건배!

「かんぱい」는 우리말로 「건배」라는 뜻이에요. 꼭 술자리가 아니 더라도 생일파티나 송년회처럼 여러 사람이 모여서 함께 축하하 는 자리에서도 자주 쓰여요. 참고로 일본에서는 술을 마실 때 상 대방의 잔을 비게 하는 것은 예의가 아니기 때문에 잔에 술이 조 금 남아있을 때 술을 따라줘야 한답니다.

どうぞ。 권유하는 말

짧은 말이지만 여러 가지 상황에서 많이 쓰이는 말이에요. 예를 들어 상대방에게 음식을 권할 때 쓰면 「드세요」라는 뜻이 되고 요, 전철에서 자리를 양보하면서 쓰면 「여기 앉으세요」라는 뜻이 된답니다. 상대방에게 양보하고 권할 때 여러분도 「どうぞ」라고 말해보세요. 분위기가 훨씬 부드러워 질 거에요.

Chapter 08

理想が　高い。
りそう　　たか

☀ 홈스테이 여섯째 날_ **눈이 높아!!!**

동물원 정말 즐거웠답니다! 아직도 꿈만 같아요..(@_@*) 다이스케 오빠가 여기저기 안내를 해주었어요. 상냥하고 친절한 다이스케 오빠…꺄～～정말 제 타입이에요 ()_() 여러분의 이상형은 어떤 사람인가요?

Point	1 • い형용사의 특징과 활용
	2 • な형용사의 특징과 활용

Let's Talk

🔘 62, 63

ナレ： マリさんは　どんな　タイプの　人が　好き
です か。

マリ： 私？　えーと…。頭が　よくて、　おもしろくて、
背が　高くて、スマートな　人！

ナレ： マリさんって　理想が　高いですね。

マリ： へえー。そう？　ナレちゃんは　どんな
人が　好き？

ナレ： 私は　静かで　やさしい　人が　好きです。

🔘 64

どんな 어떤　タイプ 타입, 이상형
人(ひと) 사람
好(す)きだ 좋아하다
えーと 그게, 그러니까
頭(あたま) 머리
いい/よい 좋다
背(せ)が　高(たか)い 키가 크다
スマートだ 스마트하다
理想(りそう)が　高(たか)い 눈이 높다
静(しず)かだ 조용하다
やさしい 자상하다, 친절하다

나래	마리 씨는 어떤 타입의 사람이 좋아요?
마리	나? 응, 그러니까…. 머리가 좋고 재밌고, 키가 크고, 스마트한 사람!
나래	마리 씨는 눈이 높네요.
마리	오호~. 그래? 나래는 어떤 사람이 좋아?
나래	나는 조용하고 자상한 사람이 좋아요.

1 い형용사

일본어의 형용사는 「い형용사」와 「な형용사」로 나뉘는데요, 두 형용사는 어미의 모양으로 구분을 합니다. 어미가 い로 끝나는 형용사를 「い형용사」라고 합니다.

대표적인 い형용사

| 高い 높다, 비싸다 (たか) | 安い 싸다 (やす) | 暑い 덥다 (あつ) | 寒い 춥다 (さむ) |

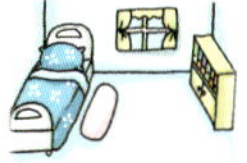   

| 広い 넓다 (ひろ) | 狭い 좁다 (せま) | 明るい 밝다, 명랑하다 (あか) | 暗い 어둡다 (くら) |

| 新しい 새롭다 (あたら) | 古い 오래되다 (ふる) | 大きい 크다 (おお) | 小さい 작다 (ちい) |

| 速い 빠르다 (はや) | 遅い 느리다 (おそ) | いい(よい) 좋다 | 悪い 나쁘다 (わる) |

| おいしい 맛있다 | 忙しい 바쁘다 (いそが) | おもしろい 재미있다 | 楽しい 즐겁다 (たの) |

○ **색깔을 나타내는 형용사**

あかい 빨갛다

あおい 파랗다

きいろい 노랗다

しろい 희다

くろい 검다

ちゃいろい 갈색이다

○ **い형용사의 활용**

1) ～い+명사 : 명사를 꾸밀 때 어미의 모양을 바꾸지 않고 명사 앞에 그대로 붙입니다.

① 大きい　かばん　　② あたらしい　くるま　　③ やすい　とけい
　おお
크다+가방 → 큰 가방　　새롭다+차 → 새 차　　싸다+시계 → 싼 시계

2) ～いです : 존댓말을 만들 때는 어미 끝에 「～です」를 붙입니다.

① あついです。　　② おいしいです。
덥습니다.　　　　　맛있습니다.

3) ～く　ありません : 부정형을 만들 때에는「い」를「く」로 바꾸고「ありません」
을 붙입니다.

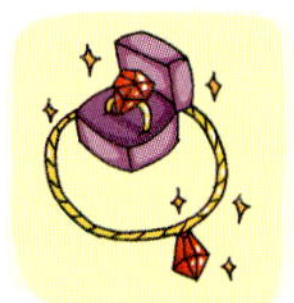

① やす**く　ありません。**
싸지 않습니다.

② いそがし**く　ありません。**
바쁘지 않습니다.

예외) いい → よくありません (いくありません×)
　　　좋다 → 좋지 않습니다.

4) ～くて～ : 둘 이상의「い형용사」를 연결할 때는「い」를「くて」로 바꾸고 붙입니다.

① ひろ**くて**　明るいです。
넓고 밝습니다.

② ふる**くて**　きたないです。
낡고 더럽습니다.

예외) いい → よくて (いくて×)
　　　좋다 → 좋고

5) ～かったです :「い형용사」를 과거형으로 만들 때는「い」를「かった」로 바꿉니다.
정중형은「かったです」입니다..

① おもしろ**かったです。**
재밌었습니다.

② たのし**かったです。**
즐거웠습니다.

예외) いい → よかったです (いかったです×)
　　　좋다 → 좋았습니다

2 な형용사

어미가 「だ」로 끝나는 형용사를 「な형용사」라고 합니다.

○ 대표적인 な형용사

静かだ 조용하다 しず	にぎやかだ 번화하다	きれいだ 예쁘다, 깨끗하다	まじめだ 성실하다

元気だ 건강하다, 활달하다 げん き	ひまだ 한가하다	ハンサムだ 잘생겼다	おだやかだ 온화하다

好きだ 좋아하다 す	きらいだ 싫어하다	じょうずだ 잘하다	へただ 서투르다

簡単だ 간단하다 かんたん	**複雑**だ 복잡하다 ふくざつ	**大変**だ 힘들다 たいへん	**楽**だ 편하다 らく

便利だ 편리하다 べん り	**不便**だ 불편하다 ふ べん	**親切**だ 친절하다 しんせつ	**不親切**だ 불친절하다 ふ しんせつ

1) ～な+명사 : 명사를 꾸밀 때 어미인 「だ」를 「な」로 바꾸고 명사에 붙입니다.

① にぎやか**な**　まち　② しずか**な**　きっさてん　③ きれい**な**　キッチン

번화한 거리　　　　　　조용한 커피숍　　　　　　깨끗한 부엌

2) ～×です : 존댓말로 만들 때에는 어미 「だ」를 빼고 「～です」를 붙입니다.

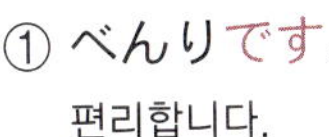

① べんり**です**。　② しんせつ**です**。

편리합니다.　　　친절합니다.

3) ～じゃ　ありません : 부정형으로 만들 때는 어미 「だ」를 「じゃ」로 바꾸고
　　　　　　　　　　「ありません」을 붙입니다.

① すき**じゃ　ありません**。　② にぎやか**じゃ　ありません**。

좋아하지 않습니다.　　　　　번화하지 않습니다.

4) ～で : 둘 이상의 「な형용사」를 연결할 때는, 어미 「だ」를 「～で」로 바꿉니다.

① にぎやかで　べんりです。　② しずかで　きれいです。
번화하고 편리합니다.　　　　　조용하고 깨끗합니다.

5) ～でした : 「な형용사」의 과거형을 만들 때는, 어미 「だ」를 빼고 「～でした」를 붙입니다.

① すきでした。　　　② たいへんでした。
좋아했습니다.　　　　힘들었습니다.

앞에서 배운 활용을 생각하면서 다음의 한국어를 일본어로 바꿔보세요.

1 広い 넓다
넓은 방 ⇨ __________ へや   넓습니다 ⇨ ______________
넓고 ⇨ ______________   넓었습니다 ⇨ ______________
넓지 않습니다 ⇨ ______________

2 明るい 밝다
밝은 방 ⇨ __________ へや   밝습니다 ⇨ ______________
밝고 ⇨ ______________   밝았습니다 ⇨ ______________
밝지 않습니다 ⇨ ______________

3 赤い 빨갛다
빨간 꽃 ⇨ __________ はな   빨갛습니다 ⇨ ______________
빨갛고 ⇨ ______________   빨갰습니다 ⇨ ______________
빨갛지 않습니다 ⇨ ______________

4 いい 좋다
좋은 사람 ⇨ __________ ひと   좋습니다 ⇨ ______________
좋고 ⇨ ______________   좋았습니다 ⇨ ______________
좋지 않습니다 ⇨ ______________

5 きれいだ 예쁘다
예쁜 사람 ⇨ __________ ひと   예쁩니다 ⇨ ______________
예쁘고 ⇨ ______________   예뻤습니다 ⇨ ______________
예쁘지 않습니다 ⇨ ______________

6 好きだ 좋아하다
좋아하는 꽃 ⇨ __________ はな   좋아합니다 ⇨ ______________
좋아하고 ⇨ ______________   좋아했습니다 ⇨ ______________
좋아하지 않습니다 ⇨ ______________

7 げんきだ 건강하다
건강한 아이 ⇨ __________ こども   건강합니다 ⇨ ______________
건강하고 ⇨ ______________   건강했습니다 ⇨ ______________
건강하지 않습니다 ⇨ ______________

8 楽だ 편하다
편한 일 ⇨ __________ しごと   편합니다 ⇨ ______________
편하고 ⇨ ______________   편했습니다 ⇨ ______________
편하지 않습니다 ⇨ ______________

여 사람의 신체와 신체의 특징을 나타내는 말을 익혀봅시다.

かみ 머리카락	**あたま(頭)** 머리
かお(顔) 얼굴	**め(目)** 눈
はな(鼻) 코	**くち(口)** 입
みみ(耳) 귀	**からだ(体)** 몸
て(手) 손	**ゆび** 손가락
うで 팔	**ひじ** 팔꿈치
こし 허리	**おなか** 배
あし(足) 다리	**ひざ** 무릎
くちびる 입술	**は** 이빨
した 혀	**せなか** 등
おしり 엉덩이	

なが(長)い 길다
みじか(短)い 짧다
ほそい 가늘다　**ふとい** 두껍다
背(せ)が　高(たか)い 키가 크다
背(せ)が　低(ひく)い 키가 작다

Mini Test

그림을 보고 각각 어떤 사람에 대한 설명인지 맞춰 보세요.

1 かみが　長くて　目が　大きい。

2 背が　高くて　顔が　長い。

3 口が　大きくて　目が　ほそい。

4 体が　大きくて　うでが　ふとい。

5 かみが　短かくて　背が　低い。

01 나는 누구일까요? 내용을 듣고 설명과 일치하는 동물을 선으로 연결해 보세요. ⊙66

1 ●　　　　● キリン 기린

2 ●　　　　● ぶた 돼지

3 ●　　　　● へび 뱀

4 ●　　　　● ぞう 코끼리

5 ●　　　　● うさぎ 토끼

식사 일본어

66

おなかが　いっぱいです。 배불러요.

「いっぱい」는 일본어로 「가득차다」라는 뜻인데요, 식사를 다 마치고 「おなかが　いっぱいです」라고 말하면 「배불러요」라는 말이되요. 반대로 「배가 고파요」라고 할 때에는 「おなかが　ぺこぺこ」라고 하는데요 「배고파요」랑 「ぺこぺこ」랑 발음이 비슷한 것 같지 않으세요?

おかわりください。 더 주세요.

밥을 한 공기 다 비우고 「한 그릇 더 주세요」라고 말하고 싶을 때 일본어로는 어떻게 하면 좋을까요? 「おかわり　ください」라고 한답니다. 꼭 밥이 아니더라도 「おかわり　ください」라고 말하면 음식을 더 달라는 의미가 되요. 하지만 일본 음식점에서는 반찬을 「おかわり」하면 추가요금을 내야 한답니다.

いちにんまえ(一人前)。 1인분

「一人」이라는 말을 앞 과에서 「ひとり」라고 배웠죠? 하지만, 음식의 분량을 나타낼 때에는 「いちにん」이라고 해요. 1인분은 「いちにんまえ」, 2인분은 「ににんまえ」라고 한답니다.

もちかえりで　おねがいします。 싸주세요

음식을 포장해서 집으로 가져가고 싶을 때 이 말을 써보세요. 원래 「もちかえり」란 말이 「집으로 가져간다」는 뜻인데요, 여기에 「おねがいします」를 붙여서 「(집에 가져가게)싸주세요」 라는 의미가 되었어요. 위에서 배운 「いちにんまえ」를 붙여서 「1인분만 싸주세요」라고 말하려면 어떻게 하면 될까요? 「いちにんまえ　もちかえりで　おねがいします」라고 하면 되겠네요.

Chapter 09

夢を　見ました。
ゆめ　　　み

 홈스테이 일곱째 날 _ **꿈을 꿨어요.**

즐거웠던 동물원에서의 일정을 마치고 싱숭생숭한 마음으로 잠이 들었는데… 글쎄 꿈에 다이스케 오빠가 나왔지 뭐예요? 아침에 일어났는데도 가슴이 두근두근 뛰어요! (*^o^*)

<table>
<tr><td>Point</td><td>1 ● 일본어의 동사</td></tr>
<tr><td></td><td>2 ● 다양한 조사</td></tr>
</table>

Let's Talk

🔘68, 69

Ⅰ　ナレは　まほうの　ドレスを　着ました！

わあー　とても　きれいです！

さぁー　今から　パーティーへ。

Ⅱ　「あの…　ぼくと　踊りませんか」大介が　言い

ました。

「ええ、よろこんで…」

二人は　夢のような　気分で　踊りました。

New Words

🔘70

まほう(魔法) 마법
ドレス 드레스
着(き)る 입다
踊(おど)る 춤추다
言(い)う 말하다
ええ、よろこんで 예, 기꺼이
夢(ゆめ)のような 꿈과 같은
気分(きぶん)で 기분으로

Ⅰ　나래는 마법의 드레스를 입었습니다!
와~ 정말 예뻐요.
자~ 지금부터 파티에.
Ⅱ　「저… 저랑 춤추실래요?」다이스케가 말했습니다.
「예, 기꺼이…」
두 사람은 꿈 같은 기분으로 춤을 추었습니다.

Let's Talk

🔴71, 72

Ⅲ　「ピピピピピー(めざましの　音)」　8時です！
　　　　　　　　　　　　　　おと　　　　はちじ

もう、朝です。いい　夢を　見ました。
　　　あさ　　　　　ゆめ　　み
なんだか　胸が　ドキドキします。
　　　　　むね

🔴73

めざ(目覚)まし　알람시계
音(おと)　소리
朝(あさ)　아침
胸(むね)　가슴
ドキドキする　두근두근하다

＊'꿈을 꾸다'라고 할 때는 '꿈을 보다'라
　는 의미로 동사 「見(み)る」를 써서 「夢
　(ゆめ)を　見(み)る」라고 합니다.

Ⅲ　「삐삐삐삐-(알람시계 소리)」8시입니다！

벌써, 아침이에요. 좋은 꿈을 꾸었어요.
왠지 가슴이 두근거려요.

Point

일본어의 동사

1

일본어의 동사는 어미가 「う단」으로 끝납니다. 동사는 어미의 모양에 따라서 세가지 그룹으로 나누는데요 앞으로 배울 동사활용을 잘 이해하기 위해서는 우선 동사를 척 보았을 때 몇 그룹 동사인지 바로 나눌 수 있어야 해요.

동사의 종류

1그룹	① 어미가 「る」로 끝나지 않는 모든 동사 ② 어미가 「る」이며, 어미앞이 「a」「u」「o」단인 동사    예 買う 사다　　休む 쉬다　　始まる 시작되다 　か　　　　　やす　　　　　はじ
2그룹	어미가 「る」로 끝나며, 어미 앞이 「i」나 「e」단인 동사    예 起きる 일어나다　　見る 보다　　食べる 먹다 　お　　　　　　　み　　　　　た
3그룹	불규칙활용 동사, 2개 (외운다) 来る : 오다　する : 하다 く

★예외 1그룹 : 모양은 2그룹인데 활용은 1그룹으로 하는 동사(모두 외운다)

 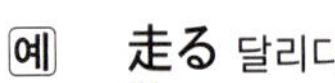  

예　走る 달리다　　入る 들어가다　　帰る 돌아가다(오다)
　　はし　　　　　はい　　　　　　かえ

ます형 ~(ㅂ)니다

앞에서 배운 동사에 「ます」를 붙이면 「~입니다」란 뜻의 존댓말이 됩니다. 이때 동사의 그룹에 따라 「ます」에 접속하는 방법이 달라요. 동사에 「ます」를 붙이는 형태를 「동사의 ます형」이라고 합니다. 동사를 「ます」형으로 바꿀 수 있으면 「ます」형을 활용해서 동사의 부정형, 과거형, 과거부정형을 만들 수 있답니다.

동사의 ます형 만들기

1그룹동사	어미 [u]음을 [i]음으로 바꾸고 + ます 예 行く 가다 ⇨ 行きます 갑니다　[か き く け こ]
2그룹동사	어미를 「る」를 떼어내고 + ます　예 食べる 먹다 ⇨ 食べます 먹습니다
3그룹동사	외운다　　　　する 하다 ⇨ します 합니다 くる 오다 ⇨ きます 옵니다

★예외 1그룹 : 走ります 돌아갑니다　　入ります 들어갑니다　　帰ります 돌아갑니다

　　　　　　(모양은 2그룹이지만, 활용은 1그룹)

ます의 활용

ます	ません	ました	ませんでした
~ 입니다	~ 지 않습니다	~ 었습니다	~ 지 않았습니다

예 起きる 일어나다 ⇨　起きます 일어납니다

　　　　　　　　　　起きません 일어나지 않습니다

　　　　　　　　　　起きました 일어났습니다

　　　　　　　　　　起きませんでした 일어나지 않았습니다

Point

Mini Test

앞에서 배운 활용을 생각하면서 다음의 한국어를 일본어로 바꿔보세요.

1 | 行く 가다
갑니다 ⇨ ___________ 　가지 않습니다 ⇨ ___________
갔었습니다 ⇨ ___________ 　가지 않았습니다 ⇨ ___________

2 | 食べる 먹다
먹습니다 ⇨ ___________ 　먹지 않습니다 ⇨ ___________
먹었습니다 ⇨ ___________ 　먹지 않았습니다 ⇨ ___________

3 | 見る 보다
봅니다 ⇨ ___________ 　보지 않습니다 ⇨ ___________
봤습니다 ⇨ ___________ 　보지 않았습니다 ⇨ ___________

4 | 飲む 마시다
마십니다 ⇨ ___________ 　마시지 않습니다 ⇨ ___________
마셨습니다 ⇨ ___________ 　마시지 않았습니다 ⇨ ___________

5 | 読む 읽다
읽습니다 ⇨ ___________ 　읽지 않습니다 ⇨ ___________
읽었습니다 ⇨ ___________ 　읽지 않았습니다 ⇨ ___________

6 | 聞く 묻다
묻습니다 ⇨ ___________ 　묻지 않습니다 ⇨ ___________
물었습니다 ⇨ ___________ 　묻지 않았습니다 ⇨ ___________

7 | 帰る 돌아가다
돌아갑니다 ⇨ ___________ 　돌아가지 않습니다 ⇨ ___________
돌아갔습니다 ⇨ ___________ 　돌아가지 않았습니다 ⇨ ___________

8 | 買う 사다
삽니다 ⇨ ___________ 　사지 않습니다 ⇨ ___________
샀습니다 ⇨ ___________ 　사지 않았습니다 ⇨ ___________

9 | する 하다
합니다 ⇨ ___________ 　하지 않습니다 ⇨ ___________
했습니다 ⇨ ___________ 　하지 않았습니다 ⇨ ___________

10 | 来る 오다
옵니다 ⇨ ___________ 　오지 않습니다 ⇨ ___________
왔습니다 ⇨ ___________ 　오지 않았습니다 ⇨ ___________

～を

～을/를

동사에 목적어를 연결할 때 쓰고요, 「～을/를」이라는 뜻입니다. 「を」의 발음은 「お」
와 같지만 조사로 쓰이는 경우에는 「を」만 쓴다는점 주의하세요.

たばこを　すいます。 담배를 피웁니다.

映画を　見ます。 영화를 봅니다.
えい が　　み

～で

～에서

장소를 나타내는 말에 で를 붙이면 우리말로 「～에서」라는 말이 됩니다. 주로 제시
된 장소에서 동작을 행한다는 의미로 사용됩니다.

レストランで　食事します。
しょく じ
레스토랑에서 식사합니다.

図書館で　勉強します。
と しょかん　　べんきょう
도서관에서 공부합니다.

Point

5

～に／へ
～에/으로

장소를 나타내는 말에 「に/へ」를 붙이면 「~에/으로」라는 의미가 됩니다.

山へ/に　行きます。
やま　　　　　　い
산에 갑니다.

コンビニへ/に　行きます。
　　　　　　　　い
편의점에 갑니다.

6

～で
～으로

수단을 나타내는 말에 「で」를 붙이면 「~으로(~을 가지고)」라는 의미가 됩니다.

バスで　行きます。
　　　　い
버스로 갑니다.

自転車で　行きます。
じ てんしゃ　い
자전거로 갑니다.

～に

～(시간)에

시간과 때를 나타내는 표현 뒤에 「に」를 붙이면 「～에」라는 의미가 됩니다. 단, 현재 말하는 시점과 관련 있는 「あさ(아침)」, 「きょう(오늘)」, 「らいしゅう(다음 주)」와 같은 명사에는 「に」를 붙이지 않습니다.

12時に　寝ます。
じゅうにじ　　ね

12시에 잡니다.

土ようびに　会いました。
ど　　　　　あ

토요일에　만났습니다.

～ませんか／～ましょう

～(할)래요?/～(합)시다

「～ませんか」는 상대방에게 어떤 행동을 권유할 때 쓰고요, 「～ましょう」는 어떤 행동을 함께 하자고 적극적으로 권유할 때 씁니다. 두 표현은 모두 동사의 「ます」 형에 접속합니다.

いっぱい　飲みませんか。
の

한잔　마실래요?

いっしょに　行きましょう。
い

함께 갑시다.

01 하루 일과를 간단히 나타낸 그림입니다. 시간과 행동을 잘 보면서 빈칸에 들어갈 알맞은 말을 넣어보세요.

7 時＿＿＿　＿＿＿＿＿＿。7시에 일어납니다.
しち じ　①　　　　②

8 時＿＿　バス＿＿　学校＿＿　＿＿＿＿＿。8시에 버스로 학교에 갑니다.
はち じ　③　　　　④　がっこう　⑤　　　⑥

9 時＿＿　じゅぎょうが　＿＿＿＿＿。9시부터 수업이 시작됩니다.
く じ　⑦　　　　　　　　⑧

12 時はん＿＿　おひる＿＿　＿＿＿＿＿。12시 반에 점심을 먹습니다.
じゅうに じ　⑨　　　⑩　　　⑪

5 時＿＿　図書館＿＿　勉強＿＿＿＿＿。5시까지 도서관에서 공부합니다.
ご じ　⑫　としょかん　⑬　べんきょう　⑭

6 時＿＿　家へ＿＿＿＿＿。6시에 집에 돌아옵니다.
ろく じ　⑮　うち　⑯

テレビ＿＿　＿＿＿＿＿。텔레비전을 봅니다.
⑰　　　⑱

12 時＿＿　＿＿＿＿＿。12시에 잡니다.
じゅうに じ　⑲　　　⑳

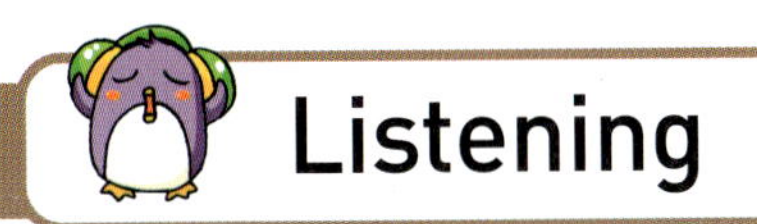

01 다음은 마리의 일주일간의 스케줄표입니다. 스케줄을 보면서 대화를 잘 듣고 내용과 맞으면 ○, 틀리면 × 를 표시하세요. 🔴75

1 ( )　　　**2** ( )　　　**3** ( )

	月ようび げつ	火ようび か	水ようび すい
ごぜん	じゅぎょう 9:00 ～ 12:00	じゅぎょう 10:00 ～ 11:00	びよういん 10:00 ～ 12:00
ごご	としょかん 3：00～7：00	アルバイト 4:00 ～ 9:00	

	木ようび もく	金ようび きん	土ようび ど
ごぜん	じゅぎょう 8:00 ～ 10:00	じゅぎょう 9:00 ～ 12:00	じゅぎょう 10:00 ～ 12:00
ごご	としょかん 3：00～7：00		パーティー 8:00 ～ 12:00

New Words

じゅぎょう(授業) 수업　　いっしょに 함께　　映画館(えいがかん) 영화관　　図書館(としょかん) 도서관
勉強(べんきょう)する 공부하다　　美容院(びよういん) 미용실　　パーティー 파티

칭찬 일본어

○76

かわいい。　귀여워, 예뻐.

「かわいい」는 「귀엽다, 예쁘다」라는 뜻으로 사람이나 옷 같은 물건, 동물 등을 대상으로 다양하게 쓰입니다. 일본인들이 많이 쓰는 말이에요. 「예쁘다」라는 뜻으로 「きれいだ」라는 단어도 있지만요, 「かわいい」가 일상회화에서는 더 무난하게 쓰인답니다.

とても やさしいですね。　매우 자상하시네요.

「やさしい」에는 두 가지 뜻이 있어요. 한자로 「易しい」라고 쓰면 「쉽다」라는 의미가 되고요, 「優しい」라고 쓰면 「상냥하다」 「다정하다」라는 의미가 된답니다. 「優しい声(상냥한 목소리)」 「優しい人ですね(다정한 사람이네요)」처럼 사람의 외모나 특징, 성격 등을 칭찬할 때 자주 쓰여요.

すごいですね。　대단해요, 굉장해요.

「すごい」는 い형용사로 「대단하다」 「굉장하다」라는 뜻인데요 주로 감탄할 때 「すごいですね」라고 하죠. 상황에 따라서는 「무시무시 하네요」 「무섭네요」라는 뜻으로도 쓰여요. 남자들은 「すげえ」나 「すんげー」로 발음하기도 하는데요 조금 거친 느낌이 들죠.

よく にあいます。　잘 어울려요.

한자로는 「似合う」라고 쓰고요, 「어울리다」라는 뜻이에요. 부사인 「よく」를 붙여서 자주 쓰죠. 상대방의 옷이나 헤어스타일이 잘 어울린다고 칭찬할 때 「スカートが よく にあいますね(스커트가 잘 어울리시네요)」와 같이 쓰인답니다.

Chapter 10

遊びに 行きたい！
あそ　　　い

☀ 홈스테이 일곱째 날_ **놀러가고 싶어!**

아아아아… 저는 내일 한국으로 돌아간답니다. (ㅠ_ㅠ) 그 동안 너무 즐거웠어요!
마리언니랑 매일 수다 떨었던 것도 좋았고, 다이스케 오빠랑 쇼핑하고 동물원에 갔
던 것도 너무 즐거웠어요. 벌써 헤어져야 한다니 너무 아쉽지만, 다음에 마리언니
네 가족들이 한국에 오면 저도 여기저기 안내해 주겠다고 약속했어요. (-_-)/

Point		
1 ● ~に 行く。		~하러 가다.
2 ● ~たい。		~하고 싶다.
3 ● ~ませんか。		~하지 않겠습니까?

Let's Talk

🔴 77, 78

マリ： あー　お腹　ペコペコ！　ナレちゃん　何か
　　　　 食べに　行く？

ナレ： いいですね。あのう…　大介さんも　誘いま
　　　　 せんか？

マリ： それ、いいね。う～ん、じゃ、家族　みんなで
　　　　 行く？

ナレ： ええ、いいですよ。

New Words

🔴 79

お腹(なか) 배
ペコペコだ 배고프다
何(なん)か 뭔가
食(た)べる 먹다
食(た)べに 먹으러
行(い)く 가다
誘(さそ)う (함께 하기를) 권유하다
それ 그것
みんなで 함께, 모두

마리	아~ 배고파! 나래야 뭐 먹으러 갈래?
나래	좋아요. 저… 다이스케 씨도 부르지 않을래요?
마리	그거 좋네. 음~ 그럼 가족 모두 갈까?
나래	네, 좋아요.

Let's Talk

80, 81

マリの父　： 今日は　ごちそうするよ！

　　　　　　 ナレちゃん、好きな　もの　頼んで。

ナレ　　　： ありがとうございます。今度は　みんな

　　　　　　 で　韓国に　来て　くださいね。

マリの母　： 韓国旅行、いいね。ソウル市内へも

　　　　　　 遊びに　行きたいわ。

ナレ　　　： 今度は　私が　案内します。

New Words

82

ごちそうする 대접하다
頼(たの)んで 부탁하렴 (주문하렴)
ありがとうございます 고맙습니다
今度(こんど) 이번에, 다음번에
みんなで 다 같이
来(き)て　くださいね 와주세요, 오세요
韓国旅行(かんこくりょこう) 한국여행
市内(しない) 시내
遊(あそ)ぶ 놀다
行(い)きたい 가고 싶다
案内(あんない)する 안내하다

마리의 아빠	오늘은 내가 대접할께! 나래야, 좋아하는 것 주문하렴.
나래	고맙습니다. 다음에는 모두 한국에 오세요.
마리의 엄마	한국여행, 좋네. 서울시내에도 놀러 가고 싶어.
나래	다음엔 제가 안내 할께요.

83

1 ～に 行く
　　　　い

~(하)러 간다

「~에」라는 뜻의 「に」 앞에 동사의 「ます」형을 붙인 「동사의 ます형＋に 行く」는 이동의 목적을 나타내는 표현입니다. 우리말로 「~(하)러 간다」라는 뜻이죠. 이 표현에 「行く」 대신에 「来る(오다)」를 쓰면 「~(하)러 오다」라는 표현이 됩니다.

그림을 보고 다음과 같이 무엇을 하러 갈지 말해보세요.

A : どこに 行きますか？　어디 가세요?

B : 映画を 見に 行きます。　영화 보러 갑니다.
　　えいが　み　　い

㉠映画を 見る
　えいが　み
영화를 보다

① おひるを 食べる
　　　　た
점심을 먹다

② くつを 買う
　　　か
신발을 사다

③ お金を おろす
　かね
돈을 인출하다

④ ビデオを かりる
비디오를 빌리다

⑤ 本を かえす
　ほん
책을 반납하다

New Words

どこに 어디에　　行(い)く 가다　　映画(えいが) 영화　　見(み)る 보다　　おひる 점심식사　　食(た)べる 먹다
くつ 신발　　買(か)う 사다　　お金(かね) 돈　　おろす 내리다, 인출하다　　ビデオ 비디오　　かりる 빌리다
本(ほん) 책　　かえす 반납하다

2 ～たい

～(하)고 싶다

「동사의 ます형＋たい」는 「～(하)고 싶다」는 뜻입니다. 활용이 「い」형용사와 같기 때문에 존댓말로 만들 때는 「です」를 붙이고, 「～(하)고 싶지 않습니다」라고 할 때는 「동사의 ます형＋たく ありません」이라고 하죠. 「たい」 앞에는 조사 「が」가 오는 것이 원칙이지만 요즈음에는 문법에 구애 받지 않고 「を」를 쓰기도 합니다.

○ 그림을 보면서 다음과 같이 문장을 완성시켜 보세요.

예 
冷たい ものを 飲む

暑いですね。 덥네요.

なにか 冷たい ものが 飲み たいです。
뭔가 차가운 것 마시고 싶습니다.

1 
おいしい ものを 食べる

お腹が ペコペコです。 배가 고픕니다.

なにか ＿＿＿＿＿＿＿＿＿＿＿＿＿＿＿＿＿＿。
뭔가 맛있는 것을 먹고 싶습니다.

2 
ちょっと 休む

疲れました。 피곤합니다.

＿＿＿＿＿＿＿＿＿＿＿＿＿＿＿＿＿＿。 좀 쉬고 싶습니다.

3 
遊びに 行く

たいくつです。 지루합니다.

どこか ＿＿＿＿＿＿＿＿＿＿＿＿＿＿＿＿。
어딘가 놀러가고 싶습니다.

New Words

なにか 뭔가　冷(つめ)たい 차갑다　もの 것　飲(の)む 마시다　おいしい 맛있다　ちょっと 조금
休(やす)む 쉬다　疲(つか)れる 피곤하다　たくつくだ 지루하다　どこか 어딘가　遊(あそ)ぶ 놀다　行(い)く 가다

Point

～ませんか
~(하)지 않겠습니까

③

앞 과에서 배운「동사 ます형+ましょうか」를 좀 더 익혀봅시다. 상대방에게 어떤 행동을 함께하자고 권유할 때「동사 ます형+ませんか」의 형식으로 말합니다. 우리말로「～하지 않겠습니까?」라는 뜻이죠.

그림을 보면서 다음과 같이 대화를 완성해보세요.

예 

おひるを　食べる
しゅくだい

A : キムさん、宿題は　もう　終わりましたか。　김 ○○ 씨, 숙제 다 끝났어요?
B : いいえ、まだです。　아니요, 아직이요.
A : じゃ、いっしょに　としょかんで　宿題を　しませんか？
자, 같이 도서관에서 숙제하지 않을래요?

1 

映画を　見に　行く
えいが　み　い

A : リーさん、日ようびに　時間　ありますか。　이 ○○씨, 일요일에 시간 있어요?
B : ええ。　네.
A : じゃ、よかったら ＿＿＿＿＿＿＿＿＿＿
＿＿＿＿＿。 자, 괜찮다면 영화보러 가지 않을래요?

2 

おひるを　食べる
た

A : パクさん、おひるは　もう　食べましたか？　박 ○○ 씨, 점심 먹었어요?
B : いいえ、まだです。 아니요, 아직이요.
A : じゃ、よかったら　いっしょに
＿＿＿＿＿＿＿＿＿＿＿＿＿＿。
자, 괜찮다면 같이 점심 먹지 않을래요?

New Words

宿題(しゅくだい) 숙제　　もう 이미, 벌써　　終(お)わる 끝나다　　まだ 아직　　いっしょに 같이
よかったら 괜찮다면, 좋다면　　まだ 아직

01 오늘은 해야 할 일이 많은 바쁜 날! 바쁜 일정을 메모해 보았습니다. 주인공의 하루 일정을 완성해보세요.

本を　かえす
ほん
책을 반납하다

手紙を　だす
て がみ
편지를 부치다

友だちと　会う
とも
친구와 만나다

映画を　見る
えい が　　み
영화를 보다

服を　買う
ふく　　か
옷을 사다

友だちと　おひるを　食べる
とも　　　　　　　　た
친구와 점심을 먹다

友だちと　わかれる
とも
친구와 헤어지다

犬と　さんぽする
いぬ
개와 산책하다

New Words

手紙(てがみ)を だす 편지를 부치다　　友(とも)だち 친구　　会(あ)う 만나다　　映画(えいが) 영화
おひる 점심　　服(ふく) 옷　　買(か)う 사다　　わか(別)れる 헤어지다　　犬(いぬ) 개　　さんぽ 산책

오늘의 일정

今日は 忙しいです。 오늘은 바쁩니다.
きょう いそが

まず、図書館へ ＿＿＿＿＿＿ ① 行きます。
　　 としょかん 　　　　　　　　　　　 い

우선, 도서관에 책을 반납하러 갑니다.

それから 郵便局へ ＿＿＿＿＿＿ ② 行きます。
　　　　 ゆうびんきょく 　　　　　　　　 い

그리고나서 우체국에 편지를 부치러 갑니다.

昼休みには 友だちと レストランへ ＿＿＿＿＿＿ ③ 行きます。
ひるやす 　 とも 　　　　　　　　　　　　　　　　　　 い

점심시간에는 친구와 레스토랑에 밥을 먹으러 갑니다.

それから デパートへ ＿＿＿＿＿＿ ④ 行きます。
　　　　　　　　　　　　　　　　　　　　 い

그리고 나서 백화점에 옷을 사러 갑니다.

夕方には 友達と 映画館へ ＿＿＿＿＿＿ ⑤ 行きます。
ゆうがた ともだち えいがかん 　　　　　　　 い

저녁에는 친구와 영화관에 영화를 보러 갑니다.

最後に 公園へ いぬと ＿＿＿＿＿＿ ⑥ 行きます。
さいご こうえん 　　　　　　　　　　　　 い

마지막으로 공원에 개와 산책하러 갑니다.

New Words

忙(いそが)しい 바쁘다　　まず 우선　　図書館(としょかん) 도서관　　それから 그리고나서
郵便局(ゆうびんきょく) 우체국　　昼休(ひるやす)み 점심시간　　レストラン 레스토랑　　デパート 백화점
夕方(ゆうがた) 저녁　　映画館(えいがかん) 영화관　　最後(さいご)に 마지막으로　　公園(こうえん) 공원

01 대화를 잘 듣고 아래의 물음에 답하세요. 84

1 リーさんは　どこへ　行きますか？ 이 ○○ 씨는 어디에 갑니까?

ⓐ びょういん 병원　　　　ⓑ ぎんこう 은행　　　　ⓒ くすりや 약국

2 キムさんは　どこへ　行きますか？ 김 ○○ 씨는 어디에 갑니까?

ⓐ ぎんこう 은행　　　　ⓑ としょかん 도서관　　　　ⓒ びょういん 병원

3 やまださんは　どこへ　行きますか？ 야마다 씨는 어디에 갑니까?

ⓐ デパート 백화점　　　　ⓑ ぎんこう 은행　　　　ⓒ としょかん 도서관

4 たなかさんは　どこへ　行きますか？ 다나까 씨는 어디에 갑니까?

ⓐ としょかん 도서관　　　　ⓑ ラーメンや 라면 가게　　　　ⓒ マクドナルド 맥도날드

New Words

かぜ 감기　　ちょっと 조금　　頭(あたま)が 痛(いた)い 머리가 아프다　　薬(くすり) 약　　買(か)う 사다
びょういん(病院) 병원　　ぎんこう(銀行) 은행　　くすりや(薬屋) 약국　　ぜんぶ 전부
読(よ)む 읽다　　くつ 신발　　ハンバーガー 햄버거

연애 일본어

85

だいすきです。 매우 좋아합니다.

「〜が すきです」는 「〜을(를)좋아합니다」라는 뜻이에요. 여기에 「大
(だい)」를 붙여서 「大好(だいす)き」라고 하면 「매우 좋아합니다」「あ
いしています」라는 강조표현이 되요. 사람이나 사물을 대상으로 쓰
여요. 예를 들어 「わたしは 辛(から)いものが 大好(だいす)きです」
라고 하면 「저 매운 음식 너무 좋아해요」라는 뜻이 되요.

あいたいです。 보고싶어요.

「보고 싶어요」라는 말을 일본어로는 「あいたいです」라고 합니다.
「보다」라는 의미인 「みる」는 어떤 사물을 볼 때 쓰는 말이고요, 사
람을 만나고 싶다(보고 싶다)라고 할 때는 「あう」를 쓴답니다. 참고
로 「〜을(를) 만나다」는 조사 「に」를 서서 「〜に あう」라고 해야
한답니다. 틀리기 쉬우니까 주의하세요!

むねが どきどきします。 가슴이 두근거립니다.

「どきどきする」는 「두근두근」이란 뜻의 의성어예요. 일본어는의성
어·의태어를 참 많이 쓰거든요 그래서 일본어로 말할 때 의성어·
의태어를 적절하게 잘 섞어 쓰면 일본어표현에 생기가 넘친답니다.
「むねが どきどきします」는 라고 하면 「가슴이 두근거려요」라는
뜻이에요. 참고로 우리는 「가슴이 찡〜하다」라는 말을 참 많이 하잖
아요? 일본어로는 「キューンとする」라고 해요.

彼氏(かれし)／彼女(かのじょ)。 남자친구/여자친구

원래 「彼(かれ)／彼女(かのじょ)」는 「그/그녀」라는 의미의 3인칭 대명
사에요. 하지만 「남자친구/여자친구」라는 의미로도 쓰인답니다. 「애
인」이라는 말인 「恋人(こいびと)」도 있지만, 가볍게 「남자친구(여자친
구)있어?」라고 말할 때는 「恋人(こいびと)」보다는 「彼氏／彼女い
る?」라는 표현을 더 많이 쓴답니다.

Point · Let's Play 정답

Point · Let's play 정답

CHAPTER 01 | はじめまして。

POINT - ❸

1 A　その　けいたいは　どこのですか。
　　ユ 핸드폰은 어디 것입니까?

　B　かんこくのけいたいです。／かんこくのです。
　　한국 휴대폰 입니다./ 한국 것입니다.

2 A　その　バックは　どこのですか。
　　그 핸드백은 어디 것입니까?

　B　イギリスのバックです。／イギリスのです。
　　영국 핸드백 입니다./ 영국 것입니다.

3 A　その　ワンピースは　どこのですか。
　　그 원피스는 어디 것입니까?

　B　アメリカのワンピースです。／アメリカのです。
　　미국 원피스입니다./ 미국 것입니다.

4 A　その　くつは　どこのですか。
　　그 신발은 어디 것입니까?

　B　イタリアのくつです。／イタリアのです。
　　이탈리아 신발입니다./ 이탈리아 것입니다.

Let's Play

1　わたしの　ベストフレンドです。

2　すずきさんの　しゅみは

3　エミリは　イギリス人です。

4　ちゅうがくせいじゃありません。

5　ロバートさんは　えいごのせんせいです。

6　わたしのメル友です。

CHAPTER 02 | 何人かぞくですか？

POINT - ❷

1 A　バスケットボールは　全部で　何人ですか。
　　농구는 전부 몇 명입니까?

　B　ごにんです。
　　다섯 명입니다.

2 A　やきゅうは　全部で　何人ですか。
　　야구는 전부 몇 명입니까?

　B　きゅうにんです。
　　9 명입니다.

3 A　サッカーは　全部で　何人ですか。
　　축구는 전부 몇 명입니까?

　B　じゅういちにんです。
　　11 명입니다.

POINT - ❸

1　もりさんは　よにんかぞくです。
　　다섯 식구입니다.

2　パクさんは　ごにんかぞくです。
　　네 식구 입니다.

3　リーさんは　ろくにんかぞくです。
　　여섯 식구입니다.

POINT - ❹

할머니	そふ	おばあさん
할아버지	あね	おとうさん
어머니	あに	いもうとさん
아버지	はは	おじいさん
여동생	おとうと	おねえさん
오빠/형	そぼ	おかあさん
남동생	ちち	おとうとさん
언니/누나	いもうと	おにいさん

1 ははは　よんじゅうごさいです。

2 あには　はたちです。

3 いもうとは　じゅうごさいです。

Let's Play- ❶

1 ゼロきゅうゼロの　きゅうきゅうはちななの
   よんよんぜろきゅう

2 いちさんよんの　ゼロさんゼロ

3 いちさんによんゼロさんゼロ

4 ゼロにの　さんごごの　はちななはちご

Let's Play- ❷

1 ちち　　　　　　　2 わたしのははは

3 わたしのいもうとは

4 わたしの　つまは

5 わたしの　むすめは　さんさいです。

CHAPTER 03 ｜ これは 何なんですか。

POINT - ❷

1 A これは　なんですか。B それは　くまです。
   이것은 무엇입니까?　　　　그것은 곰입니다.

2 A これは　なんですか。B それは　パンダです。
   이것은 무엇입니까?　　　　그것은 팬더곰입니다.

3 A これは　なんですか。B それは　わにです。
   이것은 무엇입니까?　　　　그것은 악어입니다.

4 A これは　なんですか。B それは　しかです。
   이것은 무엇입니까?　　　　그것은 사슴입니다.

5 A これは　なんですか。B それは　うまです。
   이것은 무엇입니까?　　　　그것은 말입니다.

6 A これは　なんですか。B それは　ライオンです。
   이것은 무엇입니까?　　　　그것은 사자입니다.

7 A これは　なんですか。B それは　とらです。
   이것은 무엇입니까?　　　　그것은 호랑이입니다.

8 A これは　なんですか。B それは　さいです。
   이것은 무엇입니까?　　　　그것은 코뿔소입니다.

POINT - ❸

1 A これは　だれの　いぬですか。
   이건 누구의 개 입니까?

   B それは　リーさんの　いぬです。
   그것은 이 〇〇 씨의 개입니다.

2 A これは　だれの　ぼうしですか。
   이건 누구의 모자 입니까?

   B それは　たなかさんの　ぼうしです。
   그것은 다나까 씨의 모자입니다.

3 A これは　だれの　いすですか。
   이건 누구의 의자 입니까?

   B それは　ジョンの　いすです。
   그것은 존의 의자입니다.

4 A これは　だれの　ざっしですか。
   이건 누구의 잡지 입니까?

   B それは　パクさんの　ざっしです。
   그것은 박 〇〇씨의 잡지 입니다.

5 A これは　だれの　えんぴつですか。
   이건 누구의 연필 입니까?

   B それは　きむらさんの　えんぴつです。
   그것은 기무라 씨의 연필입니다.

Let's Play

1 A これは　なんですか。B それは　けいたいです。
   이것은 무엇입니까?　　　　그것은 핸드폰입니다.

   A これは　だれのですか。B それは　もりさんのです。
   이것은 누구의 것입니까?　　그것은 모리 씨 것입니다.

2 A これは　なんですか。B それは　ノートです。
   이것은 무엇입니까?　　　　그것은 노트입니다.

   A これは　だれのですか。B それは　きむらさんのです。
   이것은 누구의 것입니까?　　그것은 기무라 씨 것입니다.

3 A これは　なんですか。B それは　とけいです。
   이것은 무엇입니까?　　　　그것은 시계입니다.

   A これは　だれのですか。B それは　リーさんのです。
   이것은 누구의 것입니까?　　그것은 이 〇〇 씨 것입니다.

4 A これは　なんですか。B それは　ハンカチです。
　　이것은 무엇입니까?　　　　　그것은 손수건입니다.

　A これは　だれのですか。B それは　ユンさんのです。
　　이것은 누구의 것입니까?　　그것은 윤 ○○ 씨 것입니다.

5 A これは　なんですか。B それは　ボールペンです。
　　이것은 무엇입니까?　　　　　그것은 볼펜입니다.

　A これは　だれのですか。B それは　パクさんのです。
　　이것은 누구의 것입니까?　　그것은 박 ○○ 씨 것입니다.

CHAPTER 04 | いつですか。

POINT - ❷

1 A 家族りょこうは　いつですか。
　　가족 여행은 언제입니까?
　B はちがつ　じゅうごにちです。
　　8월 15일입니다.

2 A オーディションは　いつですか。
　　오디션은 언제입니까?
　B ごがつ　よっかです。
　　5월 4일입니다.

3 A 夏休みは　いつですか。
　　여름 방학은 언제입니까?
　B しちがつ　にじゅうごにちです。
　　7월 25일입니다.

4 A コンサートは　いつですか。
　　콘서트는 언제입니까?
　B じゅうがつ　みっかです。
　　10월 3일입니다.

5 A テストは　いつですか。
　　테스트는 언제입니까?
　B ろくがつ　にじゅうよっかです。
　　6월 24일입니다.

POINT - ❸

1 木ようびです。목요일입니다.

2 金ようびです。금요일입니다

3 はつかです。20일입니다.

Let's Play - ❶

火ようび 화요일 ⇨ ごうこん 미팅

水ようび 수요일 ⇨ リーさんの 誕生日 이 ○○씨 생일

木ようび 목요일 ⇨ 英語のテスト 영어 시험

金ようび 금요일 ⇨ 日本語のテスト 일본어 시험

土ようび 토요일 ⇨ デート 데이트

火ようび 일요일 ⇨ 休み 쉬는 날

Let's Play - ❷

1 いちがつ　ついたちです。1월 1일입니다.

2 ごがつ　いつかです。5월 5일입니다.

3 いいえ、休みじゃありません。아니요, 휴일이 아닙니다.

4 春分の日です。춘분입니다.

CHAPTER 05 | 何時ですか。

POINT - ❶

1 ろくじ　ごふん　　　2 よじ(ちょうど)

3 くじ(ちょうど)

4 じゅうにじ　さんじゅっぷん／はん

5 ごじ　にじゅうごふん

6 ろくじ　じゅうごふん

7 しちじ　よんじゅうごふん

POINT - ❷

1 A ゆうびんきょくは　何時から　何時までですか。
　　우체국은 몇 시부터 몇 시까지 입니까?
　B じゅう時から　ろく時までです。
　　10 시부터 6 시까지입니다.

2 A ぎんこうは　何時から　何時までですか。
　　은행은 몇 시부터 몇 시까지 입니까?
　B はち時　さんじゅっぷん／はんから　よ時
　　さんじゅっぷん／はんまでです。
　　8 시 30 분 / 반 부터 4 시 30 분 / 반 까지 입니다.

3 A としょかんは 何時から 何時までですか。
　　　도서관은 몇 시부터 몇 시까지 입니까?
　 B はち時から しち時 ごじゅっぷんまでです。
　　　8 시부터 7 시 50 분까지입니다.

4 A びょういんは 何時から 何時までですか。
　　　병원은 몇 시부터 몇 시까지 입니까?
　 B く時 さんじゅっぷん／はんから しち時
　　 さんじゅっぷん／はんまでです。
　　　9 시 30 분 / 반부터 7 시 30 분 / 반까지입니다.

5 A レストランは 何時から 何時までですか。
　　　레스토랑은 몇 시부터 몇 시까지 입니까?
　 B じゅういち時から じゅうじ時までです。
　　　11 시부터 10 시까지입니다.

Let's Play - ❶

1 A ペキンは 今 何時ですか。
　　　북경은 지금 몇 시 입니까?
　 B ごぜん じゅういち時 にじゅうごふんです。
　　　오전 11 시 25 분입니다.

2 A パリは 今 何時ですか。
　　　파리은 지금 몇 시 입니까?
　 B ごご ご時 さんじゅっぷん／はんです。
　　　오후 5 시 30 분 / 반입니다.

3 A シドニーは 今 何時ですか。
　　　시드니는 지금 몇 시 입니까?
　 B ごご いち時 にじゅうごふんです。
　　　오후 11 시 25 분입니다.

4 A ロサンゼルスは 今 何時ですか。
　　　로스엔젤레스는 지금 몇 시 입니까?
　 B ごご じゅういち時 さんじゅっぷん／は
　　 んです。
　　　오후 11 시 30 분 / 반입니다.

5 A ハワイは 今 何時ですか。
　　　하와이는 지금 몇 시 입니까?
　 B ごぜん ご時にじゅっぷんです。
　　　오전 5 시 25 분입니다.

POINT - ❶

1 A サンドイッチは いくらですか。
　　　샌드위치는 얼마입니까?
　 B ろっぴゃくえんです。
　　　600 엔입니다.

2 A ぎゅうどんは いくらですか。
　　　쇠고기 덮밥은 얼마입니까?
　 B さんびゃく はちじゅうえんです。
　　　380 엔입니다.

3 A うどんは いくらですか。
　　　우동은 얼마입니까?
　 B さんびゃく ごじゅうえんです。
　　　350 엔입니다.

4 A スパゲッティは いくらですか。
　　　스파게티는 얼마입니까?
　 B ごびゃく ななじゅうえんです。
　　　570 엔입니다.

5 A 定食は いくらですか。
　　　정식은 얼마입니까?
　 B ななびゃく にじゅうえんです。
　　　720 엔입니다.

6 A ラーメンは いくらですか。
　　　라면은 얼마입니까?
　 B よんひゃく よんじゅうえんです。
　　　440 엔입니다.

7 A コーラは いくらですか。
　　　콜라는 얼마입니까?
　 B びゃく きゅうじゅうえんです。
　　　190 엔입니다.

POINT - ❷

1 A すみません、しやくしょは どこですか。
　　　실례합니다, 시청은 어디입니까?
　 B あそこです。／はい、こちらです。
　　　저기 입니다. / 네, 여기입니다.

2　A すみません、きょうしつは　どこですか。
　　　실례합니다, 교실은 어디입니까?
　　B あそこです。／はい、こちらです。
　　　저기 입니다. / 네, 여기입니다.

3　A すみません、えきは　どこですか。
　　　실례합니다, 역은 어디입니까?
　　B あそこです。／はい、こちらです。
　　　저기 입니다. / 네, 여기입니다.

4　A すみません、しょくどうは　どこですか。
　　　실례합니다, 식당은 어디입니까?
　　B あそこです。／はい、こちらです。
　　　저기 입니다. / 네, 여기입니다.

5　A すみません、ばいてんは　どこですか。
　　　실례합니다, 매점은 어디입니까?
　　B あそこです。／はい、こちらです。
　　　저기 입니다. / 네, 여기입니다.

Let's Play - ❶

1　A すみません、ちゅうしゃじょうは　なんかい
　　　ですか。実례합니다, 주차장은 몇 층입니까?
　　B 地下にかいです。지하 2층입니다.
　　　ちか

2　A すみません、しょくりょうひんうりばは　なん
　　　かいですか。실례합니다, 식료품매장은 몇 층입니까?
　　B 地下いっかいです。지하 1층입니다.
　　　ちか

3　A すみません、ジュエリーコーナーは　なん
　　　かいですか。실례합니다, 보석매장은 몇 층입니까?
　　B にかいです。2층입니다.

4　A すみません、ワインうりばは　なんかいで
　　　すか。실례합니다, 와인매장은 몇 층입니까?
　　B さんがいです。3층입니다.

5　A すみません、ふじんふくうりばは　なんか
　　　いですか。실례합니다, 부인복 매장은 몇 층입니까?
　　B よんかいです。4층입니다.

6　A すみません、でんかせいひんうりばは　なんか
　　　いですか。실례합니다, 전자제품 매장은 몇 층입니까?
　　B ろっかいです。6층입니다.

7　A すみません、100円ショップは　なんかいで
　　　　　　　えん
　　　すか。실례합니다, 100 엔 숍은 몇 층입니까?
　　B きゅうかいです。9층입니다.

8　A すみません、レストランは　なんかいですか。
　　　실례합니다, 레스토랑은 몇 층입니까?
　　B じゅっかいです。10 층입니다.

POINT - ❷

1　A なかむらさんは　どこに　いますか。
　　　나까무라 씨는 어디에 있습니까?
　　B キムさんの　左に／となりに　います。
　　　　　　　　　ひだり
　　　김 ○○씨 왼쪽에 / 옆에 있습니다.

2　A ミホさんは　どこに　いますか。
　　　미호 씨는 어디에 있습니까?
　　B リーさんの　後に　います。
　　　　　　　　　うしろ
　　　이 ○○ 씨 뒤에 있습니다.

3　A たなかさんは　どこに　いますか。
　　　다나까 씨는 어디에 있습니까?
　　B すずきさんと　やまださんの　あいだに
　　　います。스즈끼씨와 야마다 씨 사이에 있습니다.
　　　すずきさんの　右に　います。
　　　　　　　　　みぎ
　　　스즈끼씨의 오른쪽에 있습니다.
　　　やまださんの　左に／となりにに　います。
　　　　　　　　　ひだり
　　　야마다 씨 왼쪽에 / 옆에 있습니다.

POINT - ❸

1　A しんぶんは　どこに　ありますか。
　　　신문은 어디에 있습니까?
　　B カウンターの　左に／となりに　あります。
　　　　　　　　　ひだり
　　　카운터 왼쪽에 / 옆에 있습니다.

2　A 缶コーヒーは　どこに　ありますか。
　　　かん
　　　캔 맥주는 어디에 있습니까?
　　B 缶ビールと　ミルクの　あいだに　あります。
　　　かん
　　　캔 커피와 우유 사이에 있습니다.

3 A ジュースは どこに ありますか。
　　쥬스는 어디에 있습니까?
　B ミルクの よこに あります。
　　우유의 옆에 있습니다.

4 A ざっしは どこに ありますか。
　　잡지는 어디에 있습니까?
　B サラダの よこに あります。
　　샐러드 옆에 있습니다.

Let's Play

1 やおやの となりに／右に あります。
　채소가게 옆에／오른쪽에 있습니다.

2 こうばんの となりに／左に あります。
　파출소 옆에／왼쪽에 있습니다.

3 こうばんと ぎんこうの あいだに あります。
　파출소와 은행 사이에 있습니다.

4 デパートの となり／右に あります。
　백화점 옆에／오른쪽에 있습니다.

5 こうばんの 後に あります。
　파출소 뒤에 있습니다.

CHAPTER 08 | 理想が 高い!

Mini Test

1 広い／広いです／広くて
　広かったです／広くありません

2 明るい／明るいです／明るくて
　明るかった／明るくありません

3 赤い／赤いです／赤くて
　赤かったです／赤くありません

4 いい／いいです／よくて
　よかったです／よくありません

5 きれいな／きれいです／きれいで
　きれいでした／きれいじゃありません

6 好きな／好きです／好きで
　好きでした／好きじゃありません

7 元気な／元気です／元気で
　元気でした／元気じゃありません

8 楽な／楽です／楽で
　楽でした／楽じゃありません

Let's Play

1 ⓐ　2 ⓒ　3 ⓓ　4 ⓑ　5 ⓔ

CHAPTER 09 | 夢を 見ました。

Mini Test

1 行きます／行きません
　行きました／行きませんでした

2 食べます／食べません
　食べました／食べませんでした

3 見ます／見ません
　見ました／見ませんでした

4 飲む／飲みません
　飲みました／飲みませんでした

5 読みます／読みません
　読みました／読みませんでした

6 聞きます／聞きません
　聞きました／聞きませんでした

7 帰る／帰りません
　帰りました／帰りませんでした

8 買います／買いません
　買いました／買いませんでした

9 する／しません
   しました／しませんでした

10 来る／来ません
   来ました／来ませんでした

Let's Play

① に ② 起きます ③ に ④ で ⑤ に／へ
⑥ 行きます ⑦ から ⑧ 始まります ⑨ に
⑩ を ⑪ 食べます ⑫ まで ⑬ で
⑭ します ⑮ に ⑯ 帰ります ⑰ を
⑱ 見ます ⑲ に ⑳ 寝ます

CHAPTER 10 | 映画を 見に 行きます。

POINT - ❶

1 A どこに 行きますか。어디가세요?
  B おひるを 食べに 行きます。점심 먹으러 갑니다.

2 A どこに 行きますか。어디가세요?
  B くつを 買いに 行きます。신발 사러 갑니다.

3 A どこに 行きますか。어디가세요?
  B お金を おろしに 行きます。돈을 찾으러 갑니다.

4 A どこに 行きますか。어디가세요?
  B ビデオを かりに 行きます。비디오를 빌리러 갑니다.

5 A どこに 行きますか。어디가세요?
  B 本を かえしに 行きます。책을 반납하러 갑니다.

POINT - ❷

1 おいしい ものが 食べたいです。

2 ちょっと 休みたいです。

3 遊びに 行きたいです。

POINT - ❸

1 映画を 見に 行きませんか。

2 おひるを 食べに 行きませんか。

Let's Play

① 本を かえしに　② 手紙を だしに
③ おひるを 食べに　④ 服を 買いに
⑤ 映画を 見に　⑥ さんぽ しに

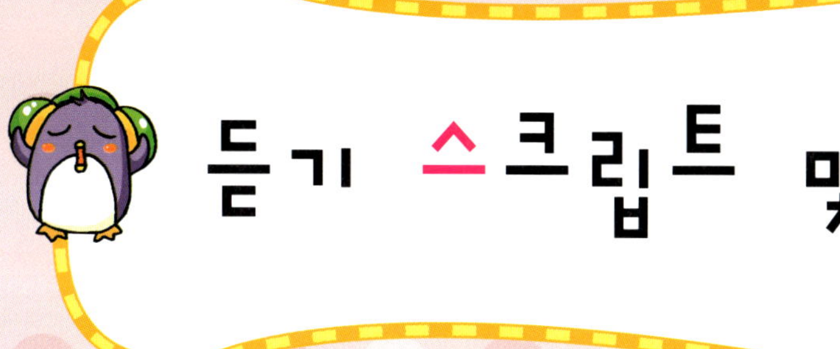

듣기 스크립트 및 정답

듣기 스크립트 및 정답

CHAPTER 01 ｜ はじめまして。

1 A はじめまして。キムです。
처음뵙겠습니다. 김 ○○입니다.

B はじめまして。たなかです。
처음뵙겠습니다. 다나카입니다.

A どうぞ　よろしく　おねがいします。
아무쪼록 잘 부탁드립니다.

B こちらこそ、どうぞ　よろしく。
저야말로 잘 부탁드려요.

A しつれいですが、たなかさんは　中学生ですか。
실례합니다만, 다나카 씨는 중학생이에요?

B いいえ、ちがいます。私は　高校生です。
아니오, 아니에요. 저는 고등학생이에요.

キムさんは？
김 ○○ 씨는요?

A わたしは　中学生です。
저는 중학생이에요.

キム － 中学生 중학생 ｜ **たなか － 高校生** 고등학생

2 A はじめまして。パクです。どうぞ　よろしく　おねがいします。
처음뵙겠습니다. 박 ○○입니다. 아무쪼록 잘 부탁드립니다.

B はじめまして。リーです。こちらこそ　どうぞ　よろしく。
처음뵙겠습니다. 이 ○○에요. 저야말로 잘 부탁드립니다.

A リーさんは　大学生ですか。
이 ○○ 씨는 대학생이에요?

B いいえ、わたしは　高校生です。
아니오, 저는 고등학생이에요.

A あ、そうですか。
아, 그래요?

B パクさんは？
박 ○○ 씨는요?

A 私は　会社員です。
저는 회사원이에요.

パク － 会社員 회사원 ｜ **リー － 高校生** 고등학생

CHAPTER 02 ｜ 何人かぞくですか？

01

1 A すみませんが、電話番号は　何番ですか。
실례합니다만, 전화번호는 몇 번이예요?

B ぜろさんさんの　ごごよんの　はちなな　はちななです。
033-554-8787 입니다.

A ぜろさんさんの　ごごよんの　はちなな　はちななですね。
033-554-8787 이군요.

2 A 失礼ですが、学生番号は　何番ですか。
실례합니다만 학생번호는 몇 번입니까?

B いちよんよんきゅうごきゅうよんです。
1449594 입니다.

A えーと、いちよんよんきゅうごきゅうよんですね。
음～, 1449594 이군요.

3 A あのう…、すみませんが、ファックス番号は　何番ですか。
저, 죄송합니다만, 팩스번호는 몇 번입니까?

B ファックス番号は　ゼロきゅうにの　よんさんよんの　ななななきゅうはちです。
팩스번호는 092-434-7798 입니다.

1-554 8787 ｜ 2-1449594
3-092-434-7798

1 A キムさんは　何人家族ですか？
김 〇〇 씨는 몇 식구에요?

B 3人家族です。つまと　むすめが　一人です。
세 식구에요. 아내와 딸 하나에요.

2 A 山田さんは　何人家族ですか？
야마다 씨는 몇 식구에요?

B 4人家族です。父と　母と　いもうとが
一人です。
네 식구에요. 아버지와 어머니와 여동생이 한 명 입니다.

3 A イさんは　何人家族ですか。
이 〇〇 씨는 몇 식구에요?

B 6人家族です。そぼと　りょうしんと　あね
と　おとうとです。여섯 식구에요. 할머니랑 부모
님이랑 언니랑 남동생이예요·

4 A ハンさんは　何人家族ですか。
한 〇〇 씨는 몇 식구에요?

B 6人家族です。りょうしんと　あにと　あ
ねが　二人です。
여섯 식구에요. 부모님이랑 오빠랑 언니가 둘이에요.

1-ⓐ｜2-ⓓ｜3-ⓑ｜4-ⓒ

CHAPTER 03｜何ですか。

1 A この　車は　だれのですか。
이 차는 누구겁니까?

B 田中先生のです。
다나까 선생님 꺼예요.

2 A この　かばんは　ダニエルさんのですか。
이 가방은 다니엘 씨 꺼예요?

B いいえ、ゆみさんのです。
아니요, 유미 씨 거예요.

3 A この　けいたいは　ダニエルさんのですか。
이 핸드폰은 다니엘 씨 꺼예요?

B はい、ダニエルさんのです。
네, 다니엘 씨 꺼예요.

4 A この　男の人は　だれですか。
이 남자는 누구입니까?

B すずきくんです。스즈끼 군입니다.

A この　じてんしゃは　彼のですか。
이 자전거는 그의 것입니까?

B はい、そうです。
네, 그렇습니다.

1-車｜2-けいたい｜3-かばん｜4-じてんしゃ

CHAPTER 04｜いつですか。

1 A 木村さんの　たんじょう日は　いつですか。
기무라 씨의 생일은 언제입니까?

B ごがつ　ようかです。
5월 8일입니다.

A えっ？！こんしゅうの　土ようびですか。
네?! 이번주 토요일입니까?

B いいえ、ようかです。らいしゅうの　月
ようびです。
아니요, 8일입니다. 다음주 월요일입니다.

2 A すみません、日本語の　テストは　いつ
ですか。
죄송합니다, 일본어 시험은 언제입니까?

B ごかつ　にじゅうよっかです。
5월 24일입니다.

A ありがとうございます。
감사합니다.

3 A らいしゅうの　金曜日は　すずきさんの
家で　ホームパーティーです。
다음 주 금요일은 스스끼 씨 집에서 홈파티가 있습니다.

B とおかですか。 10 일입니까?

A いいえ、じゅうににちです。
  아니요, 12 일입니다.

1– 5月8日です。 | 2– 5月24日です。

3– 5月12日です／らいしゅうの金ようびです。

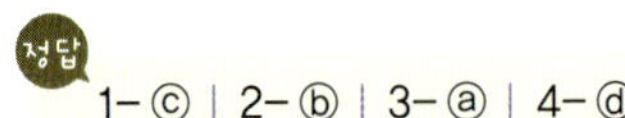

CHAPTER 05 | 何時ですか。

01

1 A すみません、今 何時ですか。
  죄송합니다, 지금 몇 시 입니까?

  B よじ じゅうごふんです。 4시 15 분입니다.

2 A すみません、コンサートは 何時からですか？
  죄송합니다, 콘서트는 몇 시 부터입니까?

  B くじ はんからです。 9시 반 부터 입니다.

3 A あしたの テストは 何時からですか。
  내일 시험은 몇 시 부터 입니까?

  B しちじからです。 7시부터입니다.

4 A 日本語の じゅぎょうは 何時からですか。
  일본어 수업은 몇 시 부터 입니까?

  B じゅうじ ごじゅうごふんです。
  10 시 55 분입니다

1– ⓒ | 2– ⓑ | 3– ⓐ | 4– ⓓ

02

1 A すみません、レストランは 何時から
  何時までですか？
  죄송합니다, 레스토랑은 몇 시 부터 몇 시 까지 입니까?

  B ごぜん じゅう時から ごご じゅういち
  時までです。
  오전 10 시부터 오후 11 시까지입니다.

A 休みは？ 쉬는 날은？

B 月ようびです。 월요일입니다

ⓐ– ごぜん 10時から ごご 11時までです。

ⓑ– 月ようびです。

2 A デパートは 何時から 何時までですか？
  백화점은 몇 시 부터 몇 시 입니까?

  B ごぜん くじから ごご はちじ さんじゅっ
  ぷんまでです。
  오전 9시부터 오후 8시 30 분까지 입니다.

  A 休みは いつですか？ 쉬는 날은 언제입니까?

  B 月ようびです。 월요일입니다.

ⓐ– ごぜん 9時から ごご 8時30分までです。

ⓑ– 月ようびです。

3 A 病院は 何時から 何時までですか。
  병원은 몇 시 부터 몇 시까지 입니까?

  B ごぜん じゅうじから ごご しちじ はん
  までです。 오전 10 시부터 오후 7 시반까지입니다.

  A 休みは いつですか？ 쉬는 날은 언제입니까?

  B 土ようびと 日ようびです。
  토요일과 일요일입니다.

ⓐ– ごぜん 10時から ごご 7時30分までです。

ⓑ– 土ようび 日ようびです。

CHAPTER 06 | いくらですか。

1 A すみません。この ガムは いくらですか？
  죄송합니다, 이 껌은 얼마입니까?

  B はい、それは ひゃくえんです。
  네, 그건 100 엔입니다.

2 A かんビール　ひとつ　ください。
　　캔 맥주 하나 주세요.

　B はい、さんびゃく　はちじゅうえんです。
　　네, 380 엔입니다.

3 A すみません。しんぶんは　いくらですか？
　　죄송합니다. 신문을 얼마입니까?

　B ひゃく　ごじゅうえんです。
　　150 엔입니다.

4 A この　ざっし　ください。
　　이 잡지 주세요.

　B はい、ごひゃく　ななじゅうえんです。
　　네, 570 엔입니다.

5 A あの、すみません。この　かさは　いくら
　　ですか？
　　저, 죄송합니다. 이 우산은 얼마 입니까?

　B よんひゃくえんです。400 엔입니다.

　A じゃ、この　かさ　ふたつ　ください。
　　그럼, 이 우산 두 개 주세요.

6 A この　おべんとうは　いくらですか。
　　이 도시락은 얼마입니까?

　B それは　よんひゃく　さんじゅうえんです。
　　그건 430 엔입니다.

　A この　おべんとう　ふたつ　ください。
　　이 도시락 2 개 주세요.

①−100 ｜ ②−380 ｜ ③−150 ｜ ④−570
⑤−800 ｜ ⑥−860

例 A いすは　どこに　ありますか。
　　의자는 어디에 있습니까?

　B いすは　本だなの　前に　あります。
　　의자는 책장 앞에 있습니다.

---

1 A 電話は　どこに　ありますか。
　　전화는 어디에 있습니까?

　B 電話は　いすの　上に　あります。
　　전화는 의자 위에 있습니다.

2 A テーブルは　どこに　ありますか。
　　테이블은 어디에 있습니까?

　B テーブルは　ドアの　そばに　あります。
　　테이블은 창문 옆에 있습니다.

3 A 犬は　どこに　いますか？
　　개는 어디에 있습니까?

　B 犬は　いすの　下に　います。
　　개는 의자 밑에 있습니다.

4 A まどは　どこに　ありますか。
　　창문은 어디에 있습니까?

　B まどは　ドアの　よこに　あります。
　　창문은 문 옆에 있습니다.

5 A 花は　どこに　ありますか。
　　꽃은 어디에 있습니까?

　B 花は　テレビの　上に　あります。
　　꽃은 텔레비전 위에 있습니다.

6 A テレビは　どこに　ありますか。
　　텔레비전은 어디에 있습니까?

　B テレビは　本だなの　前に　あります。
　　텔레비전은 책장 앞에 있습니다.

1− ○ ｜ 2− × ｜ 3− × ｜ 4− ○ ｜ 5− × ｜ 6− ×

---

1 私は　耳が　大きくて　はなが　長いです。
　　저는 귀가 크고 코가 깁니다.

2 私は　耳が　長くて　目が　赤いです。
　　저는 귀가 길고 눈이 빨갛습니다.

3 私は　くびが　長くて　背が　高いです。
저는 목이 길고 키가 큽니다.

4 私は　足が　短くて　太いです。
저는 다리가 짧고 두껍습니다.

5 私は　手が　ありません。足が　ありません。
私は　体が　長いです。
저는 팔이 없습니다. 다리가 없습니다. 저는 몸이 깁니다.

정답
1-ぞう ｜ 2-うさぎ ｜ 3-キリン
4-ぶた ｜ 5-へび

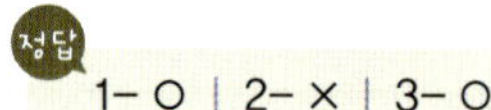

CHAPTER 09｜　夢を　見ました。

A マリさん、今日の　ごごは　じゅぎょうが
ありますか。
마리 씨, 오늘 오후에는 수업 있어요?

B いいえ、ありません。
아니요, 없어요.

A じゃ、いっしょに　映画　見ましょう。
그럼 같이 영화 봅시다.

B すみません、今日の　ごごは　図書館で
勉強します。
죄송합니다, 오늘 오후에는 도서관에서 공부할 겁니다.

A そうですか？じゃ、明日の　ごごは？
그래요? 자, 내일 오후는?

B 明日は　3時から　アルバイトを　します。
あさっては　どうですか？
내일은 3시부터 아르바이트를 해요. 모레는 어때요?

A うん、いいですよ。
네, 좋아요.

---

1 今日は　月ようびです。
오늘은 월요일입니다.

2 あしたの　ごご　映画館に　行きます。
내일 오후 영화관에 갑니다.

3 あさっての　ごぜん　美容院に　行きます。
모레 오전에 미용실에 갑니다.

정답
1-○ ｜ 2-× ｜ 3-○

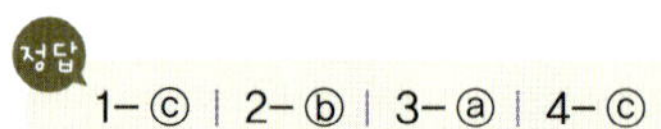

CHAPTER 10｜　映画を　見に　行きます。

1 A リーさん、かぜですか。
이 ○○ 씨, 감기예요?

B ええ、ちょっと　頭が　痛いです。薬を
買いに　行きます。
네, 머리가 좀 아파요. 약을 사러 갈겁니다.

2 A キムさん、その　本　ぜんぶ　読みま
したか。
김 ○○ 씨, 그 책 다 읽었어요?

B はい、今日　本を　かえしに　行きます。
네, 오늘 책을 반납하러 갈겁니다.

3 A やまださん、今日　いっしょに　くつを
買いに　行きませんか。
야마다 씨, 오늘 같이 신발 사러 가지 않을래요?

B はい、いいですよ。
네, 좋아요.

4 A おなか　ぺこぺこですね。たなかさん
何か　食べに　行きませんか。
배고프네요. 다나까 씨, 뭐 먹으러 가지 않을래요?

B ええ、私は　ハンバーガーが　食べたいで
す。네, 저는 햄버거가 먹고 싶습니다.

A いいですね。行きましょう。
좋네요. 갑시다.

정답
1-ⓒ ｜ 2-ⓑ ｜ 3-ⓐ ｜ 4-ⓒ

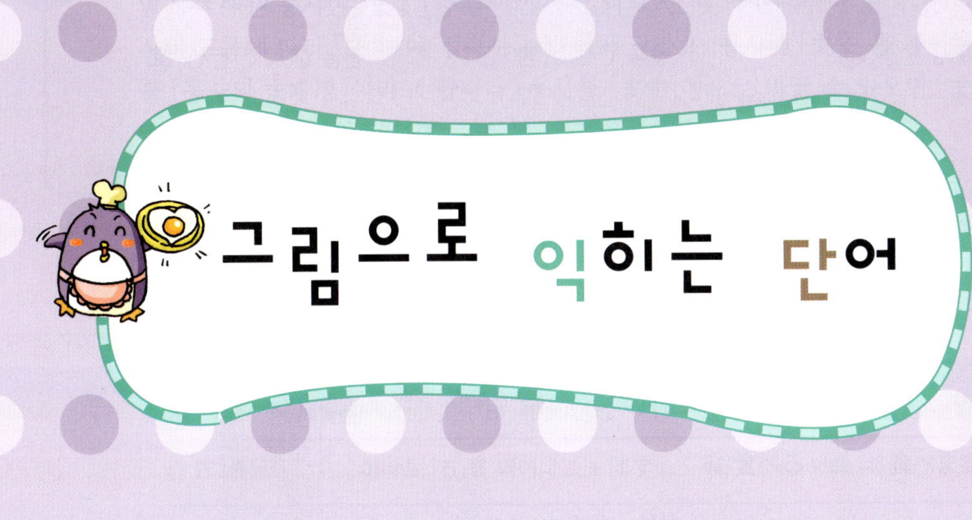

그림으로 익히는 단어

くだものや 과일가게 ｜ パイナップル 파인애플 ｜ いちご 딸기

ぶどう 포도 ｜ なし 배 ｜ オレンジ 오렌지 ｜ りんご 사과 ｜ かき 감

もも 복숭아 ｜ キウイ 키위 ｜ さくらんぼ 체리 ｜ メロン 멜론 ｜ すいか 수박

バナナ 바나나

やおや 채소가게 | にんじん 당근 | はくさい 배추 | トマト 토마토

たまねぎ 양파 | キャベツ 양배추 | ねぎ 파 | ほうれんそう 시금치

なす 가지 | きゅうり 오이 | じゃがいも 감자 | さつまいも 고구마

とうがらし 고추 | にんにく 마늘 | まめ 콩

WORDS

公園 공원 | ベンチ 벤치 | 恋人 연인 | 学校 분수 | タクシー 택시
こうえん　　　　　　　　こいびと　　　がっこう

バスてい 버스정류장 | こうしゅう電話 공중전화 | ゆうびんきょく 우체국
　　　　　　　　　　　　　　　でん わ

ポスト 우체통 | 薬屋 약국 | 銀行 은행 | こうさてん 사거리
　　　　　　　くすりや　　ぎんこう

おうだんほどう 횡단보도 | しんごう 신호등 | 病院 병원
　　　　　　　　　　　　　　　　　　　　　びょういん

サイ 코뿔소

くま 곰

キリン 기린

ぶた 돼지

うま 말

へび 뱀

ライオン 사자

パンダ 팬더곰

しか 사슴

とら 호랑이

うし 소

わに 악어

きつね 여우

さる 원숭이

ぞう 코끼리

うさぎ 토끼

暑い 덥다
あつ

寒い 춥다
さむ

あたたかい 따뜻하다

すずしい 시원하다

はれる 맑다

くもる 흐리다

雨が ふる 비가 내리다
あめ

雪が ふる 눈이 내리다
ゆき

じしんが おきる 지진이 나다

つゆが はじまる 장마가 시작되다

かみなりが なる 천둥이 치다
いなずまが ひかる 번개가 치다

きりが かかる 안개가 끼다

おいしい 맛있다

まずい 맛없다

しょっぱい 짜다

からい 맵다

すっぱい 시다

にがい 쓰다

あまい 달다

こうばしい 고소하다

やく 굽다

あげる 튀기다

にる 삶다, 끓이다

いためる 볶다

うれしい기쁘다

うれしいです기쁩니다

うれしくて 기쁘고, 기뻐서

うれしかったです기뻤습니다

うれしくありません

기쁘지 않습니다

悲しい슬프다
かな

悲しいです슬픕니다
かな

悲しくて슬프고, 슬퍼서
かな

悲しかったです슬펐습니다
かな

悲しくありません
かな

슬프지 않습니다

おこる화내다

おこります화냅니다

おこりません화내지 않습니다

おこりました화냈습니다

おこりませんでした

화내지 않았습니다

おどろく놀라다

おどろきます놀랍니다

おどろきません놀라지 않습니다

おどろきました놀랐습니다

おどろきませんでした

놀라지 않았습니다

泣く울다
な

泣きます웁니다
な

泣きません울지 않습니다
な

泣きました울었습니다
な

泣きませんでした
な

울지 않았었습니다

笑う웃다
わら

笑います웃습니다
わら

笑いません웃지 않습니다
わら

笑いました웃었습니다
わら

笑いませんでした웃지 않았습니다
わら

笑いましょう웃읍시다
わら

幸せだ행복하다
しあわ

幸せです행복합니다
しあわ

幸せで행복하고
しあわ

幸せでした행복했습니다
しあわ

幸せじゃありません
しあわ

행복하지 않습니다

うらやましい부럽다

うらやましいです부럽습니다

うらやましくて부럽고, 부러워서

うらやましかったです부러웠습니다

うらやましくありません

부럽지 않습니다

楽しい즐겁다
たの

楽しいです즐겁습니다
たの

楽しくて즐겁고, 즐거워서
たの

楽しかったです즐거웠습니다
たの

楽しくありません
たの

즐겁지 않습니다

不安だ불안하다
ふ あん

不安です불안합니다
ふ あん

不安で불안하고, 불안해서
ふ あん

不安でした불안했습니다
ふ あん

不安じゃありません
ふ あん

불안하지 않습니다

こわい무섭다

こわいです무섭습니다

こわくて무섭고, 무서워서

こわかったです무서웠습니다

こわくありません

무섭지 않습니다

さびしい외롭다

さびしいです외롭습니다

さびしくて외롭고, 외로워서

さびしかったです외로웠습니다

さびしくありません

외롭지 않습니다.

起きる 일어나다
お

起きます 일어납니다
お

起きません 일어나지 않습니다
お

起きました 일어났습니다
お

起きませんでした 일어나지 않았습니다
お

起きましょう 일어납시다
お

寝る 자다
ね

寝ます 잡니다
ね

寝ません 자지 않습니다
ね

寝ました 잤습니다
ね

寝ませんでした 자지 않았습니다
ね

寝ましょう 잡시다
ね

走る 뛰다
はし

走ります 뜁니다
はし

走りません 뛰지 않습니다
はし

走りました 뛰었습니다
はし

走りませんでした 뛰지 않았습니다
はし

走りましょう 뜁시다
はし

歩く 걷다
ある

歩きます 걷습니다
ある

歩きません 걷지 않습니다
ある

歩きました 걸었습니다
ある

歩きませんでした 걷지 않았습니다
ある

歩きましょう 걸읍시다
ある

立つ 서다
た

立ちます 섭니다
た

立ちません 서지 않습니다
た

立ちました 섰습니다
た

立ちませんでした 서지 않았습니다
た

立ちましょう 섭시다
た

座る 앉다
すわ

座ります 앉습니다
すわ

座りません 앉지 않습니다
すわ

座りました 앉았습니다
すわ

座りませんでした 앉지 않았습니다
すわ

座りましょう 앉읍시다
すわ

歌う 노래하다
うた

歌います 노래합니다
うた

歌いません 노래하지 않습니다
うた

歌いました 노래했습니다
うた

歌いませんでした 노래하지 않았습니다
うた

歌いましょう 노래합시다
うた

踊る 춤추다
おど

踊ります 춤춥니다
おど

踊りません 춤추지 않습니다
おど

踊りました 춤췄습니다
おど

踊りませんでした 춤추지 않았습니다
おど

踊りましょう 춤춥시다
おど

話す 말하다, 이야기하다
はな

話します 이야기합니다
はな

話しません 이야기하지 않습니다
はな

話しました 이야기했습니다
はな

話しませんでした 이야기하지 않았습니다
はな

話しましょう 이야기합시다
はな

遊ぶ 놀다
あそ

遊びます 놉니다
あそ

遊びません 놀지 않습니다
あそ

遊びました 놀았습니다
あそ

遊びませんでした 놀지 않았습니다
あそ

遊びましょう 놉시다
あそ

働く 일하다
はたら

働きます 일합니다
はたら

働きません 일하지 않습니다
はたら

働きました 일했습니다
はたら

働きませんでした 일하지 않았습니다
はたら

働きましょう 일합시다
はたら

休む 쉬다
やす

休みます 쉽니다
やす

休みません 쉬지 않습니다
やす

休みました 쉬었습니다
やす

休みませんでした 쉬지 않았습니다
やす

休みましょう 쉽시다
やす

저자소개

박지현
일본 문부성 국비유학생, 1998年
일본 히로시마(広島)대학 교육대학원 석사(일본어 교육전공), 2003年
전)시사일본어학원 강사
동국대학교 교육대학원 석사(일본어교육전공), 2006年

손쉽게 떠먹는 일본어 첫걸음

초판발행_ 2007년 2월 5일
1판7쇄_ 2014년 3월 30일

저자_ 박지현
펴낸이_ 엄호열
펴낸곳_ 시사일본어사
등록일자_ 1977년 12월 24일
등록번호_ 제 300 - 1977 - 31호
주소_ 서울시 종로구 자하문로 300
전화_ 1588 - 1582 팩스_(02) 3671 - 0500
홈페이지_ http://book.japansisa.com
이메일_ sisa_book@naver.com

ISBN 978-89-402-0766-6 18730